장구의 기초이론

장구의 기초이론

김영성 지음

쏠트라인
SALTLINE

　장구를 시작한 지 10여 년이 되었다. 10년이란 세월은 길다면 긴 세월이지만 장구세계에서는 햇병아리에 불과하다고 한다. 보통 경력이 20~30년 아니면 50~60년 이상 평생 장구와 함께하신 분들도 많기 때문이다.

　경력이 미천한 내가 이 책을 편찬하게 된 동기는 나름대로 배우고 경험했던 바를 정리해 보고 싶었을 뿐이다.

　그 동안의 활동을 뒤돌아보면 사물놀이, 길놀이, 당산굿, 각종 행사(지자체 행사나 구순잔치, 개업식 등) 등에 공연도 참여해보고 단체로 풍물 경연대회에도 참가했었다.

　풍물세상을 좀 더 많이 알기 위하여 몇몇 선생님에게 풍물, 가락장단, 고법, 판소리, 민요, 대금연주까지 두루 열심히 배웠으며, 지금도 배움은 계속되고 있다.

　장구는 취미생활로 즐기기에 좋은 악기라고 볼 수 있다. 배워서 잘만 이용 한다면 우리 생을 즐겁게 해주는 한 방편이 아닌가 생각한다.

　장구 동호인들과 소통의 시간을 가져볼 수 있고, 남들 앞에서 배운 기량을 뽐내 보는 것도 삶의 기쁨이라 생각한다.

　이 책을 통해 장구를 처음 대하시는 분들이나 어느 정도 배우신 분들 그리고 지도하시는 분들에게도 조금이나마 도움이 되었으면 하는 바람이다.

| 차례 |

제3장 기본 장단

제4장 장구관리

제5장 나가면서

제1장

개요

제1장 개요

장구는 모래시계 모양의 원통 양면에 가죽을 대어 만든 타악기이며, 두드리는 위치와 방식에 따라 다양한 소리를 낼 수 있다. 넓은 의미의 북에 속한다고 볼 수 있다. 진동 원리에 따른 분류로는 막명膜鳴악기[1]에 속한다. 장고杖鼓, 세요고細腰鼓, 양면고 등 다양한 명칭이 있다. 일반적으로 장구라고 불리고 있다. 국악에서 빠질 수 없는 반주악기로서 한국 전통 타악기 중 하나가 되었다. 향악, 당악계 연례악, 줄풍류, 대풍류, 민속무용곡, 관현합주, 세악, 독주반주, 제례악, 농악, 무악, 가곡, 잡가, 민요, 가요 등의 반주에 매우 널리 쓰이는 악기이다.

타악기는 음높이의 표현 유무에 따라 다시 구분할 수 있는 데, 장구는 무율타악기[2]에 속한다.

제1절 명칭 유래

1. 세요고細腰鼓

1) 막명악기는 틀이나 몸통에 씌운 막을 진동시켜 소리 내는 악기이며 북 종류가 여기 해당한다고 볼 수 있다. 대부분 손으로 두드리거나 스틱(채) 등을 사용한다. 즉 막(가죽 등)을 두드리거나 문질러서 발생하는 진동이 공기에 전해지면서 소리가 나는 악기를 말한다.

2) 타악기는 음높이의 표현 유무에 따라 음높이가 있는 유율타악기(마림바, 팀파니, 칼림바 등)와 음높이를 표현할 수 없는 무율타악기(심벌즈, 트라이앵글, 스네어드럼, 장구, 북 등)로 분류할 수 있다. 따라서 무율타악기는 리듬과 효과음 등을 중심으로 표현하는 악기이다.

양편 머리가 크고 그 허리가 가늘다 하여 붙여진 이름이다.

2. 양면고兩面鼓

통 양쪽에 북과 같은 가죽이 붙어 있다 하여 '양면고兩面鼓'라 부른다. 양쪽에 북이 있다 하여 붙여진 이름이기도 하다.

3. 장고長鼓(북과 같은 악기라는 견해)

북의 모양이 옆으로 길쭉하게 생겨서 긴 '장長'자에 북 '고鼓'를 썼다는 설이 있다.

4. 장고杖鼓

옛날 지게 작대기로 장단을 맞추며 노래를 부르던 것에서 착안하여 지팡이 '장杖'자에 북 '고鼓'를 붙였다는 설이 있다. 채로 치는 북이라는 의미이기도 하다.

5. 장구獐狗

장구의 구조로 볼 때 양 편에 쓰이던 가죽이 노루가죽이나 개가죽이 많아서 노루 '장獐'자에 개 '구狗'자를 써서 장구라 불렀다는 설이 있다.

6. 장구

지역 방언의 관점에서 볼 때, 장구가 장고의 경기 방언이라고 추정해 보는 견해도 있다. 예를 들어 '나모→나무'처럼 고유어에서 강세가 약해지는 부분의 'ㅗ'가 'ㅜ'로 변하는 현상이 경기 방언에서 많이 나타나므로 장고가 장구로 발음이 변했다고 추정해 보는 견해이다.

이를 다른 한편으로는 모음조화 현상의 하나인 양성모음의 변화로 해석하는 견해도 있다.

7. 사전적 표준어

사전적 표준어 입장에서 볼 때, 장고나 장구는 다 맞는 표현이다.

표준어 규정 제8항에 의하면 "양성모음이 음성모음으로 바뀌어 굳어진 단어는 음성모음 형태를 표준어로 삼는다."고 되어있다. 따라서 장구가 순우리말 표현이라 볼 수 있다. 국립국악원의 〈국악용어통일안〉에서도 '장구'라는 용어로 통일해서 사용하도록 권하고 있다.

8. 장귀

제주 무속에서 장구를 이르는 말이다.

제2절 장구의 역사

장구의 기원은 고대 인도에서 비롯된 것으로 보고 있다. 이는 다시 서역 문물의 이동과 함께 동북아시아 등지로 퍼진 것이다. 10세기 이전의 장구는 북의 양면을 손바닥으로 치는 형태로 보고 있다. 그 후 중국, 한국, 일본 등에서 조금씩 다른 형태로 변화하여 발전되고 전승된 것으로 보고 있다. 각 국가별로 전승된 장구류의 악기는 모형이나 재료 그리고 연주법에서도 차별점이 있다.

우리나라 장구에 대한 가장 오래된 기록은 고려 문종 30년(1076년)에 대악관현방大樂菅絃房을 정할 때 "장고업사杖鼓業師(장구 연주자라는 뜻)가 있었다."고 되어 있다. 그 이전의 기록은 찾아볼 수는 없지만 장구와 관련한 발굴 유물들을 볼 때, 그전에도 장구형태의 악기가 사용된 것으로 추측해 볼 수 있다. 그 예로 고구려 집안 현 제4호 무덤벽화와 신라 상원사 동종의 아래쪽에 그려진 주악도, 그리고 통일신라 신문왕 2년(682년) 때의 감은사지 청동제 사리기 기단에 그려진 그림 등에서 찾아볼 수 있다.

최근에 발견된 흙으로 만든 요고가 옛 백제의 땅에서 출토되었다. 2010년 세종시에서 발견된 백제 한성기 나성리 유적은 백제 한성기(300년 전후~475년) 시대의 것으로 추정하고 있다.

그 밖에도 장구에 대한 기록으로는 『고려사高麗史』「악지樂志」에 장고라는 말이 나오고, 조선 세종 때의 『악학궤범』에도 장구는 중국(한·위)에서 만든 악기로 고려시대 때 송나라로부터 들어왔다고 기록되어 있다.

장구가 지금의 형태로 크기가 커진 것은 고려 때로 추측되며, 장구가 중국에서 우리나라로 전해진 것에 대한 설로는 중국 한무제 때 만들어져, 고려 예종왕 9년 송나라에서 새로운 악기가 들어올 때 장고이십면杖鼓二十面이 포함되었다는 기록(1114년)에 의한 설이 있고, 다른 하나는 장구가 중국 당나라 때부터 쓰이다가 고려 때 들어왔다는 설이 있다. 이때 중국에서 들어온 악기들을 '당악기'라 불렀다고 한다.

　　장구는 고려 이후 국가 의례, 연향의 향악과 당악, 풍류에 두루 사용된 것으로 본다. 조선후기 이후 장구는 무속 및 일반 서민들의 민속에서 널리 쓰인 것으로 본다.

■ 장구의 명칭

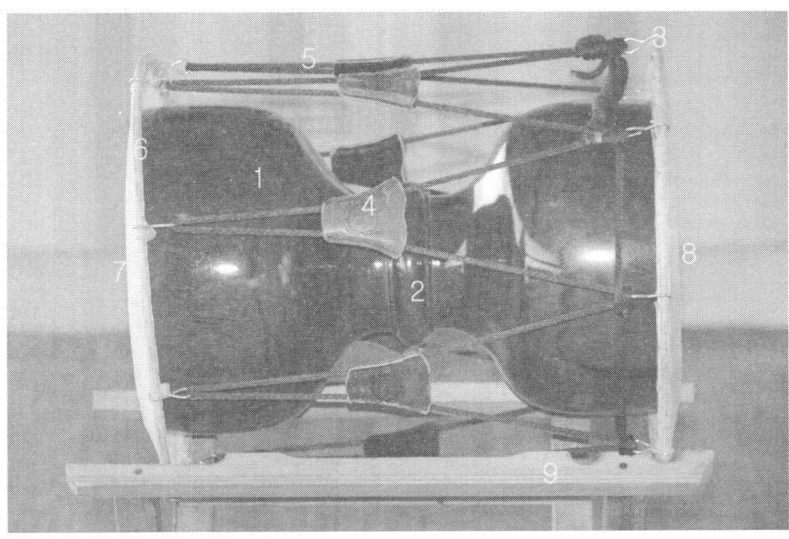

1. 울림통

2. 조롱목

3. 갈고리쇠

4. 조이개

5. 조임줄

6. 원철

7. 궁편 가죽

8. 채편 가죽

9. 장구받침대

제3절 장구의 구조

장구는 울림통과 울림통 양면을 막는 가죽으로 이루어져 있다. 울림통의 한 중간인 조롱목, 가죽을 둥그렇게 고정시키는 데 필요한 가죽 테(원철), 가죽을 울림통에 연결하는 조임줄, 조임줄을 양면에 걸어 고정시키는 고리, 조임줄의 수축을 조절하는 조이개로 구성된다.

가죽 면은 장구 울림통보다 넓기 때문에 울림통에 면한 부분과 울림통 바깥 부분으로 구분된다. 이때 가죽 면이 울림통까지 닿는 면을 '복판'이라 하고, 복판 이외의 바깥쪽 부분을 '변죽'이라고 한다. 장구의 양쪽 가죽 면에는 두께가 다른 가죽을 써서 음색의 차이를 만든다. 보통 오른쪽 가죽 면은 채로 친다 하여 채편, 왼쪽 가죽면은 손바닥으로 친다 하여 '북편'이라 부른다. 또한 왼쪽 북편을 궁글채로 친다 하여 '궁편'이라고도 한다.

왼쪽에 북편은 왼손을, 오른쪽의 채편은 오른손을 각각 이용한다.

장구의 제작은 통 만들기, 가죽 다루기, 조립하기 등의 순서로 이루어진다.

1. 울림통

울림통(장고통, 장구통, 통, 울음통)은 장구에 있어서 가장 중요한 부분이다. 울림통의 구조는 과학적인 원리가 깃들어 있다고 본다. 통의 비움이 울림소리를 듣기 좋게 하는 효과를 가져다주며, 울림통 중간의 조롱목(졸목, 세요)은 공명된 소리를 북통에 머무르게 하는 역할을 하며, 소리가 깊고 멀리 나가는 효과를 가져온다. 조롱목은 보기에도 예쁘고 무게감을 줄여주는 등의 효과가 있다고 볼 수 있다.

울림통의 재료는 나무, 도자기, 철재류(양철 등), 플라스틱 등 다양하게 쓰이고 있지만 뭐라 해도 나무재료가 좋다고 본다, 나무재료에는 오동나무, 소나무, 물푸레나무, 미루나무, 자작나무, 은행나무 등 여러 가지가 쓰이고 있지만 그중에서 오동나무를 으뜸으로 보고 있다.

울림통은 북편과 채편으로 나눌 수 있는 데, 그 중 북편 쪽의 통지름이 더 크다.

울림통은 파손되지만 않는다면 대를 이어 사용할 수 있다. 장구의 나머지 구성품은 소모품이라 볼 수 있다.

2. 가죽

장구의 울림통 다음으로 중요한 것이 가죽이다. 가죽에는 소가죽, 말가죽, 개가죽, 양가죽, 노루가죽 등 다양하게 쓰이고 있지만 각기 특성이 있다.

가죽의 종류나 질에 따라 장구의 연주소리에 많은 영향을 주는 것은 사실이다. 그래서 가죽의 선택이 중요한 것이다.

북편은 낮고 무거운 소리를 내야 하기 때문에 두꺼운 가죽(소가죽, 개가죽 등)을 사용하고, 채편은 높고 맑으면서 가벼운 소리가 나야 하므로 얇은 가죽(말가죽, 염소가죽, 노루가죽 등)을 사용한다.

다듬질 된 가죽은 둥근 원철(걸렁쇠, 굴렁쇠, 위철圍鐵, 벳세)을 사용하여 박음질로 고정한다. 가죽이 원철에 고정되어 있는 상태에서 가변 둘레를 '테'라 한다.

사물장구는 궁편에 말가죽 채편에 소가죽, 개가죽을 주로 쓴다.

반주장구는 채편에 소가죽 백피를 쓰고, 궁편에는 소가죽, 양가죽, 개가죽 등을 사용한다.

가. 궁편

궁편(고면鼓面, 둥글편, 궁글편)은 소리에 북과 같은 효과가 있으며 궁채(궁굴채, 궁구리채)를 사용한다.

궁채는 곧은 대나무 뿌리에 동그랗게 깎은 박달나무, 대추나무,

탱자나무 등을 꽂아서 만들어 사용하였지만, 요즈음은 공장에서 대량으로 생산된 궁채들이 시중에 많이 판매되고 있다.

궁편(북편)은 두꺼운 말가죽이나 쇠가죽 등을 주로 사용한다.

판소리나 노래장단, 국악기 연주 시에 큰소리가 나게 하는 궁채 대신 손바닥으로 친다(연주한다). 이는 소리(판소리나 민요 등)하는 사람이나 악기연주 소리를 보호하는 차원이라 볼 수 있다. 다만, 장비를 동원한 대공연 시에는 장구 반주소리가 크게 들리도록 마이크를 사용할 수 있다.

나. 채편

장구의 연주는 채편 놀음이라 할 정도로 많이 쓰이는 부분이다.

채편을 열편, 편면鞭面이라 부르기도 한다.

채편은 열채를 사용한다. 채는 편鞭이라 한다. 열채는 대나무를 깎아서 만든다. 대나무에는 왕대, 오죽, 황죽 등이 있는데, 이 중 3년 이상 자란 황죽이 좋다고 한다.

채편은 말가죽을 주로 사용한다. 개가죽을 사용하기도 한다.

판소리나 노래장단, 국악기 연주 시에는 복판 대신 변죽을 친다. 이는 소리하는 사람이나 악기소리를 보호하는 차원이라 볼 수 있다. 다만, 음향장비를 동원한 대공연 시에는 장구 반주소리가 들리도록 복판을 치거나 마이크를 사용할 수 있다.

다. 복판

가죽 면이 장구 울림통보다 넓기 때문에 울림통에 면한 부분과 울림통 바깥 부분으로 구분된다. 이때 가죽 면이 울림통까지 닿는 면을 '복판'이라 한다.

이때 가죽이 울림통에 닿은 동그란 면만을 말할 때 이를 '통굴레'라 부른다.

라. 변죽

가죽 면이 장구 울림통보다 넓기 때문에 울림통에 면한 부분과 울림통 바깥 부분으로 구분된다. 울림통 바깥쪽 부분을 '변죽'이라고 한다.

다시 서술하면 통굴레에서 테(원철)까지가 변죽이 되는 것이다.

3. 조임줄

채편과 북편의 가죽을 연결해서 고정해 주는 역할을 하는 줄이다. 조임줄을 장구줄, 끈, 축승, 숫바, 숱바, 줄, 숙바, 진홍사, 홍사, 쾸줄 등의 여러 가지 명칭으로 사용되기도 한다.

여기에서 축승이란 홍진사紅眞絲나 홍목면紅木棉을 꼬아 만든 쾸줄을 말한다. 조임줄은 V자 형태로 고정한다.

조임줄이 느슨해지면 장구소리에 영향을 주거나 울림통의 가죽 면이 움직일 수도 있다. 항상 단단하게 고정되어야 하며 수시로 점검할 필요가 있다.

4. 조이개

가죽 면을 조이거나 풀어주는 역할을 한다. 장구음을 조정할 때도 사용한다. 조이면 장구음이 올라간다. 조이개를 너무 조이면 장구 소리가 안 좋을 수 있고, 연주 중 가죽이 파손될 우려도 있다. 적당하게 조절하여 사용하여야 한다. 조이개를 '조임새, 부전, *축수縮綬*'라 말하기도 한다.

조이개는 레자나 가죽 등을 사용하는데 8개로 되어 있다. 될 수 있으면 영구적으로 사용할 수 있는 가죽이 좋다.

5. 갈고리쇠

울림통과 가죽을 고정시키기 위한 줄을 잡아주는 갈고리형의 쇠를 말한다. 이 쇠는 가죽의 원철부분에 고정한다. 16개(한쪽 8개)의 갈고리쇠를 걸어 조임줄을 얽어맨다.

갈고리쇠를 '구철鉤鐵, 꺽쇠, 깍쇠, 갈구리쇠, 가막쇠, 용두쇠, 가막고리, 막쇠, 걸경쇠, 쇠갈고리, 쇠갈구리, 고리, 고철, 걸고리'라고도 부른다.

요즘은 갈고리쇠 대신 끈(줄)으로 고정하는 방법을 사용하기도 한다. 갈고리쇠에 의해 장구가 손상되거나 손을 다치는 것을 방지하는 효과가 있다. 때에 따라서는 갈고리쇠가 분리되어 벗겨지는 등의 불편함을 방지하는 효과도 있다.

제4절 장구의 종류

1. 용도에 따라

1) 풍물장구(사물장구)
일반적으로 가장 많이 사용되는 장구라고 볼 수 있다. 풍물장구는 각 고장의 전통적인 의식행사를 위해 필수적으로 사용된다. 풍물風物놀이는 꽹과리, 장구, 북, 징의 네 가지 기본 악기와 나발, 태평소, 소고 등의 악기를 추가하여 구성한 놀이로서 집단적 움직임을 보여주는 진굿 등을 모두 가리키는 말이다.

대표적인 풍물놀이로는 대중적 공연인 판굿을 들 수 있다.

사물놀이는 풍물놀이에서 유래한 형태이다. 사물놀이는 풍물놀이를 현대적 감각에 맞게 재구성하여 무대 연주로 탄생시킨 것이다. 사물놀이 연주 형태는 「앉은반」과 「판굿」으로 구분해 볼 수 있다.

사물장구나 풍물장구의 용어를 구별해서 쓰는 경우도 있으나 구조면에서 별다른 차이점이 없으므로 혼용하여 사용한다.

2) 반주(소리, 정악, 민요, 기악 등)장구
반주장구는 쓰임에 따라 조금씩 다를 수 있다. 반주장구는 풍물장구보다 규모가 큰 것이 일반적이고, 장구 소리는 부드럽고 튀지 않아야 한다. 따라서 장구 가죽의 선택이 중요하다.

3) 무속장구
원래 무속은 우리 고유의 토속종교로 보며, 무속장구는 각종 제

의식에 사용되는 것으로서 일반 장구와 다르게 만들어 사용하는 경우가 있다.

4) 춤장구(설장구, 장구춤, 고고장구 등)

가) 춤장구

춤장구는 장구를 어깨에 메고 춤을 추는 것을 말한다. 대게 장구 몸통에 문양 등을 예쁘게 새겨 아름다움을 연출하게 한다. 작은 모양장구를 메고 장구가락 없이 음악이나 반주 또는 노래에 맞춰 춤만 추는 경우도 있다. 가락보다는 무용 같은 춤사위 동작을 중요시 한다.

장구춤이 설장구에서 분화되었는지는 확실하지 않다고 한다. 교방 장구춤으로 김취홍류 십이체장고춤을 볼 때 장구춤의 유래가 따로 있을 가능성도 제기되고 있다. 삼국시대 고분벽화와 유물을 통해서도 요고형태의 장구춤을 확인할 수 있다. 고려시대 주악상에도 장고춤이 보이며, 조선시대의 감로탱화 등에서 장고춤을 볼 수 있다.

1930년대 일본에서 현대무용을 배운 최승희가 1942년 일본 동경제국 극장에서 장고무를 선보인 것이 무용차원에서 장구춤의 효시로 보고 있다. 후에 김백봉, 조흥동, 배정혜, 정민 등에 의해 장구춤이 꾸준히 전승·발전되어 지고 있다.

장구춤은 농악놀이 복장을 하지 않고, 화려한 한복 의상 등을 갖추고 춤을 추는 등 일정한 복장에 구애를 받지 않는다.

장구춤을 민속 놀이적 유형, 교방무적 유형, 신무용적 유형으로 나누기도 한다.

나) 설장구

설장구는 일반 풍물 장구에 어깨끈을 매어 사용하는 것이 보통이다.

설장구 하면 개인놀음의 일종으로 보고 있다. 개인놀음이라 하여 혼자 치는 것은 아니다. 대개 2명 이상의 인원이 단체로 가락을 맞추어 치는 경우도 있다.

2015년 전남 담양에서는 이 고장의 설장구 명인 김동언의 바람으로 '100인 김동언 설장구 축제'를 기획하여 실시한 결과 150명이 참석하였다고 한다. '김동언 100인 설장구 행사'는 이듬해인 2016년 서울에서도 개최되는 기록을 남긴 바 있다.

설장구의 어휘를 분석해 보면 '설'은 상장구, 수장구의 의미이다. 즉 뛰어난 장구잽이가 하는 장구놀음으로 보는 것이다. 설장구라 하여 반드시 서서 하는 선반 장구뿐만 아니라, 앉아서 하는 설장구도 포함할 수 있다. 그 예로 '삼도설장구'를 들고 있다.

설장구는 개인놀음이기에 그 가락이나 짜임은 각기 다르다.

설장구란 원래 농악에서 장구잽이의 우두머리를 뜻한다. 또한 농악을 치는 판굿 등에서 우두머리인 설장구가 나와 솜씨를 보이는 놀이라 할 수 있다. 본래 상쇠와 둘이서 서로의 가락을 주고받으며 놀던 것이었다. 전북 정읍의 유명한 장구잽이 김홍집金弘集에 의하여 오늘날과 같은 설장구가 되었다고 한다.

대개의 경우 설장구는 구정놀이, 굿거리, 동살풀이, 덩덕궁이로 구성된다.

조선시대 기록으로 조선시대 건립된 백련암 벽화에 장구춤 그림이 새겨져 있다고 한다.

설장구의 '설'에 대한 다른 뜻풀이를 보면, 일 년 중 맨 첫날인 정월 초하루를 '설'이라고 하듯이 새롭게 시작한다는 의미이며, 농악에서는 장구잽이의 우두머리를 뜻한다고 한다. 설장구 다음으로 부장구, 삼장구, 사장구 등의 순서로 말하기도 한다.

현재 설장구놀이의 시조로 1910년대 '김홍집'을 들고 있다. 뒤를 이어 김만식, 이봉문, 이명식, 안봉구, 추교동, 이동원, 최막동, 유지화, 백남윤, 김만수, 서남규, 김성락, 황규언, 이정범, 전사섭, 김병섭, 김학준, 김오채, 김종회, 김동언 등의 유명 장구잽이나 명인들을 들 수 있다.

설장구 놀음은 김병섭류, 김오채류, 김회열류, 김동언류 외에 열거되지 아니한 여러 류로 나누어져 계승되고 있다.

설장구의 춤사위나 가락구성은 농악이나 판굿 등에서 응용한 동작이거나 가락을 독창적으로 연구한 것으로 꾸준히 발전된 것이다. 또한 무속굿, 전통춤, 소리나 국악기 반주 가락, 현대무용 등 다양한 분야에서도 일부 응용된 부분도 있다. 따라서 갈수록 설장구가락이 다양해지고 동작도 변형되고 정교화 되어 가고 있어, 이를 배우고자 하는 이들에게는 더욱 어려움이 따르고 있다.

다) 고고장구

고고장구는 장구받침대를 사용하여 장구를 고정해 놓고 음악에 맞춰 춤을 추면서 친다. 고고장구 또는 아랑장구는 일반 풍물장구와 달리, 울림통을 다른 소재(플라스틱 등)로 만들어서 멋스럽게 꾸며진 장구를 사용하기도 한다.

고고장구는 돌출적인 장단과 현란한 몸동작으로 춤을 추는 것으로서 독특한 매력을 발휘하고 있다. 지금은 일반 풍물장구보다 오히려 인기가 좋아 장구의 새로운 면모를 보여주는 타악기(장구) 문화로 자리 잡고 있다.

2. 모양에 따라

1) 일반장구
울림통에 조롱목이 있는 장구형태이다.

2) 민장구(드럼통 장구)
울림통에 조롱목이 없이 드럼통처럼 생겼다. 고고장구나 난타장구에서 흔히 볼 수 있다.

3) 장식장구(꽃장구, 문양장구)
춤출 때 사용하는 소품 장구나 실내 장식(전시) 장구, 울림통에 아름답게 문양을 새겨 놓은 모양장구를 말한다.

3. 만드는 재료에 따라

1) 나무 장구
오동나무, 소나무, 물푸레나무, 미루나무, 자작나무, 은행나무 등으로 만들어진 장구이다.

나무 장구에는 다시 나무를 통째로 쓰는 통장구와 나무 조각을 붙여 만드는 쪽장구가 있다.

2) 도자기 장구

도자기 장구는 몸통에 예쁜 문양이나 채색 등을 하여 만든다. 도자기 장구는 무겁고 파손될 위험이 있어 불편하지만, 만들어 놓으면 치고 싶은 욕망을 느낀다. 장구소리도 맑아 듣기 좋은 면도 있다.

3) 플라스틱 장구

고고장구나 난타장구 등에서 간간이 볼 수 있다.

4) 철물구조 장구

철재를 사용하여 만든 장구이다. 함석(양철) 등을 사용하기도 한다.

5) 기타

위에 나열한 장구 외에 울림통의 재료는 많기 때문에 그 밖에도 만들기에 따라 다양한 장구가 있을 것으로 본다.

4. 울림통의 칠 형태에 따라

1) 유광장구

광택이 있는 장구로, 주로 공연에서 사용된다.

2) 무광장구
광택이 없는 장구로, 부드러운 소리를 내는 특징이 있다.

3) 백장구
흰색 장구로, 특정한 용도로 사용된다.

5. 장구의 크기에 따라

1) 대장구
크기가 크고, 주로 대규모 공연이나 전통 음악에서 사용된다. 깊고 강한 소리를 낸다.

2) 중장구
대장구와 소장구의 중간 크기이며, 균형 잡힌 소리로 다양한 상황에서 사용된다.

3) 소장구
작은 크기의 장구로, 고음이 특징이며 소규모 공연이나 앙상블에서 사용된다.

제5절 장구관련 용어 해설

장구에 대해 연구하다 보니, 선행되어야 할 것이 용어 해설이다. 정확한 용어를 이해해야 장구를 배우는 데 많은 도움이 된다.

장구와 관련한 풍물놀이 등에서 사용되는 용어도 빼지 않고 실었다.

■ 가락

소리의 높낮이와 관련된 선율 또는 장식음을 뜻하는 국악용어이다. 가락은 기준이 되는 하나의 장단 속에서 다양한 변화가 생겨날 수 있다.

음악의 3요소로 가락melody, 장단rhythm, 화성harmony을 들기도 한다.

■ 가새진

호남 풍물놀이에서 행하는 놀이의 하나이다. 대포수가 영기令旗를 도둑질한 다음, 잡색들을 데리고 가위가 벌어진 모양으로 나아가 도래진을 칠 때, 상쇠는 반대로 갈라져 나아가 진을 치며 논다.

다른 뜻으로는 2열 종대로 마주 서서 사람 사이로 빠져 나가면서 전진하는 놀이이다. 가새는 가위의 사투리이다.

■ 각간 치배

풍물굿에서 각각의 치배 즉, 풍물 구성원을 일컫는 말이다.

■ 갈고羯鼓

예전에, 궁중 음악에서 쓰던 가죽으로 만든 타악기를 이르던 말이다, 장구와 거의 비슷하나, 양 마구리를 말가죽으로 메웠다. 대臺 위에 올려놓고 두 개의 채로 쳤다.

■ 갈고리쇠

장구의 울림통 양면 가죽을 고정하기 위하여 테 부분에 끼워 조임줄을 걸 수 있도록 만들어진 갈고리 형태의 쇠이다.

■ 갈라치기

장구연주에 있어 '덩'을 치기위해서는 '따'와 '궁'을 동시에 쳐야한다. 그러나 동시에 치면 열채 소리와 궁채 소리가 부딪쳐 좋은 소리를 낼 수 없다. 그래서 열채를 먼저치고 궁채를 순간 빠르게 따라친다. 덩은 한 음이지만 이렇게 순간 갈라치기를 해야 한다.

■ 갓두름

열채로 장구의 열편 테 위를 시계 반대 방향으로 한 바퀴 감는 동작을 이르는 말이다.

■ 개꼬리상모

판굿에서 쇠잡이가 부들상모를 뒤로 젖히고, 발짓으로 부포를 개꼬리와 같이 이리저리 흔드는 놀이를 말한다.

■ 개인놀이

판굿의 뒤 놀이판 가운데 나와 그들의 장기를 보여주는 놀이를 개인놀이라고 한다. 개인놀이에는 쇠놀이, 장구놀이, 북놀이, 소고놀이, 잡색놀이, 무동놀이 등이 있다.

■ 걸궁패

걸립농악을 하는 농악꾼을 말한다.

■ 걸립굿(걸궁굿)

집집이 돌며 고사를 지내주고 쌀이나 돈을 걷는 것을 '걸립한다' 혹은 '걸궁한다'고 말한다. 또 농악을 치며 갈립하는 의식을 '걸립굿·걸궁굿'이라 부른다. 걸립굿은 마을에 들기 전에 치는 들당산굿과 문굿, 마을에 들어가 치는 당산굿과 샘굿, 집안에 들어서 치는 문굿·마당굿·조왕굿·천룡굿·고방굿·외양간굿 등이 있다. 이밖에 뜰에서 치는 도둑잡이굿이 있고, 마을에서 나갈 때 치는 날당산굿이 있다. 집안 고사에는 따로 고사소리나 성주풀이를 부르기도 한다.

■ 걸립패

집집이 돌며 걸립굿을 치는 농악대를 말한다. 모某 갑甲이의 신분에 따라 낭 걸립패, 절 걸립패, 신청 걸립패로 나눈다.

■ 겐지겐굿

12/8 박자로 이루어진 가락으로 자진모리와 한배가 맞으며, 좌도

영산굿에서 쓰인다.

■ 겹디딤

까치걸음보다 자세가 낮다. 두 번째 발은 살짝 딛고 간다.

■ 겹박

박자가 겹으로 연주되는 것을 말한다.

■ 고수

고수란 판소리나 산조에서 장단을 치는 사람을 이르는 말이다. 고수에는 소리 북을 치는 사람과 장구를 치는 사람이 있다. 고수의 역할은 단순한 반주자의 역할에 그치는 것이 아니라 장단의 한배를 조절하여 소리가 빨라지거나 느려지는 것을 보완하고, 추임새로써 창자와 청중 사이에서 소리판의 분위기를 이끌어 가기도 하며, 소리꾼의 상대 역할도 하는 등 그 기능과 역할이 다양하면서도 중요하다.

■ 고동

영남농악에서 쓰이는 말로, 긴 나팔을 말한다.

■ 고동진

멍석말이를 말한다. 통영농악에서 쓰이는 말이다.

■ 고방굿

곡식을 저장하는 고방이나 창고에서 치는 고사굿을 말한다.

■ 고사반

걸립패乞粒牌에게 베푸는 물건을 차려 놓는 상(쌀·돈·무명실 타래 따위를 올려놓음)을 말한다.

걸립패가 고사굿에서 부르는 소리를 고사반이라 부르기도 한다. 고사반에는 고사소리꾼이 길게 부르는 고사소리, 짧게 부르는 고사반, 구호처럼 외치는 고사반이 있다.

■ 고사소리

걸립패의 고사굿에서 고사소리꾼이 집안의 안녕을 비는 소리이다. 고사소리에는 신세풀이, 과거풀이, 액풀이, 농사풀이, 성주풀이 등이 있다.

■ 고깔치기

농악이나 설장구에서 고깔을 쓰고 할 경우, 궁채로 고깔을 살짝 치는 시늉을 하는 동작이다. '고깔더듬'이라고도 부른다.

■ 구음

구음이란 장단을 입으로 표현하는 것이다. 장구에 있어 구음은 중요한 역할을 한다. 장구장단을 외우는 데 도움을 주고, 장단의 가락과 안배(박자)를 정확하게 짚어주는 역할도 한다.

구음은 장구장단 기보에서 정하기도 하고, 외우기 쉽도록 다른 문구로 만들어 사용하기도 한다.

■ 구정놀이
개인個人놀이를 말한다.

■ 군고軍鼓
군진법軍陣法을 위주로 하는 농악이라는 뜻이다.

■ 군쇠
밀양농악에서 쓰이는 말로, 잽이들이 멋을 부린다는 뜻이다.

■ 군총
군진軍陣풀이를 주로 하는 농악을 말한다.

■ 굴레
장구의 가죽이 울림통에 닿아 변죽이 시작되는 부분의 동그란 면만을 말한다. 열채가 굴레를 닿고 때려야 맑고 좋은 열채소리가 난다. 가죽이 울림통에 닿아 약간 꺾이는 동그란 부분이기도 한다. '통굴레'라 칭하기도 한다.

■ 굴신屈伸
굽힘과 폄을 뜻한다. 농악이나 설장구에서 굴신은 중요한 역할을 한다. 설장구 등에서 굴신하면 '오금'이란 단어를 생각할 수 있다. 오금이란 무릎 관절 안쪽의 오목한 부분을 말하며, 팔꿈치의 안쪽의 뜻도 있다. 장구에서 '오금을 준다'하면 무릎을 굽혔다 펴는 동작을 일컫는다.

굴신 동작은 박자의 안배를 맞추는 역할과 매스게임처럼 전체 동작을 통일하는 역할 그리고 무엇보다 춤 맵시를 살리는 역할을 한다. 설장구 등에서 굴신이나 오금은 동작의 생명과 같은 역할을 한다고 볼 수 있다.

■ 굿

흔히 무속 의식을 굿이라 부른다. 즉, 무당이 노래하고 춤을 추며 귀신에게 치성을 드리는 의식이다. 풍물을 굿이라고 부르며 풍물 치는 것을 '굿을 친다'고 말한다. 풍물에서 굿은 샘굿, 당산굿의 경우와 같이 의식을 가리키기도 한다. 또한 3채굿, 5채굿, 길굿 등과 같이 쇠가락을 말하기도 한다. 또 오방진굿, 도둑잡이굿 등과 같이 연희를 뜻하기도 한다.

■ 굿거리

굿거리장단은 12박 장단으로, 민요, 산조, 판소리, 무속음악, 무악, 무용 음악 등 국악 전반에 걸쳐 광범위하게 사용되고 있다.

■ 굿물

굿에 쓰이는 기물을 가리킨다. 즉, 농악에 쓰이는 악기, 기구를 가리키는 것으로 쓰인다. 또 풍물을 가리키는 말로도 쓰인다.

■ 굿판

풍물놀이를 하며 노는 판을 말하며 무당이 하는 굿판과는 다른 의미이다.

■ 궁채

장구의 궁편을 치는 채를 말한다. 무게가 있는 굵은 공이가 달린 채이다. 북소리와 비슷한 소리를 낸다.

■ 궁채 던지기

설장구에서 궁채를 위로 던졌다가 받는 동작이다. 스릴 효과를 줄 수 있다.

■ 금고金鼓

옛날에는 농악을 금고金鼓라 했다. 꽹과리·징을 금金이라 하고, 북·장구·소고 등을 고鼓라고 하는 데서 연유한다.

■ 기경결해起輕結解

기경결해는 발단, 전개, 절정, 해결과 같은 맥락이다. 전통음악의 장단원리에 결부하여 설명하는 말이다. 다른 해석으로 '밀고, 달고, 맺고, 풀고'라고 하며, 봄, 여름, 가을, 겨울 등 계절을 비유하여 설명하기도 한다. 의미는 시작하고 화려하게 놀고 확실하게 맺은 다음 다시 풀어준다는 의미이다.

■ 기와밟기

경상북도 안동, 의성 등지에서 음력 정월 보름밤에 부녀자들이 하는 민속놀이를 말한다.

■ 길군악

풍물에서 행진할 때 쓰이는 쇠가락을 총칭하는 말이다.

■ 길군악 7채

경기도 풍물에서 행진할 때 쓰이는 쇠가락의 하나이다. 행진음악과 판굿에서 멍석말이에 쓰이며 매우 씩씩한 느낌을 준다.

■ 길굿

길놀이로 치는 농악을 말한다.

■ 까치걸음

까치발이라고도 한다. 왼발이 먼저 나갈 경우 오른발이 그 뒤를 따르고 오른발이 먼저 나가면 그 뒤를 왼발이 따른다. 움직임은 서양 춤의 투스텝을 연상하면 된다. 발끝으로 경쾌하게 걷는 모습으로 이 동작은 다른 춤에서도 많이 응용된다.

무릎에 힘을 빼고 툭 쳐 올린다. 중심을 가슴, 보폭은 보통걸음과 똑같아야 한다. 무게 중심은 몸 앞이다.

■ 깨금걸음

오광대놀이의 춤사위인 덧뵈기 춤사위 가운데 하나이다.

설장구 등에서 한 발을 들고 뛰는 동작을 말한다.

비슷한 용어로 '깨금발, 깨금발 뛰기, 깨금 뛰기'가 있다.

■ 깨금발

발뒤꿈치를 들어 올리는 동작이나, 한 발은 들고 다른 발로 뛰는 동작을 말한다. 비슷한 말로 앙감질이란 용어가 있다.

설장구 동작에서 사용하는 용어이기도 하다.

■ 꼰두쇠

전문적인 풍물잽이를 이르는 말이다. 경기도에서 쓰이는 말이다.

■ 꽃수건

고깔 안에 동여맨 수건이다. 경기도 이천에서 쓰인다.

■ 꽃트림

백중百中날 농악꾼을 사서 마을사람들과 즐기는 것을 말한다. 주로 호남농악에서 쓰인다.

■ 꾸밈가락

꾸밈가락이란 본음을 꾸며주는 가락을 말한다. 즉, 장단에는 영향을 주지 않으면서 본음을 멋들어지게 만드는 역할을 한다. 대표적인 것으로 궁채의 '구(◦)'와 열채의 '기'가 있다.

■ 나비상모

벙거지에 종이를 가늘고 길게 여러 겹으로 된 것을 단상모라 하며, 옛날에는 그냥 상모라 했다. 부포상모와 채상모가 새로 생기면서 옛것은 나비상모 혹은 나비상이라 부른다. 지금은 부포상모, 채상모로 바뀌어서 거의 쓰이지 않는다.

■ 난장쇠

장터에서 치는 농악이라는 뜻으로, 경기농악에서 쓰이고 있다.

■ 낭걸립패

서낭을 받은 서낭기를 들고 걸립하는 걸립패이다. 경기도, 강원도. 충청도에 많다.

■ 내드름(내드림)

판소리, 산조, 농악과 같은 음악에서 시작할 때의 가락을 말한다. 비슷한 말로 내는 가락, 내드림, 시작가락, 머리가락 등이 있다.

시작선율을 일컫는 말이다. 드름이란 가락이란 뜻이며, 내드름이란 내는 가락이란 뜻이다.

■ 너름새

너름새란 농악에서 쇠잡이, 장구재비, 북재비들이 악기를 연주하면서 두 팔을 벌려 춤을 추는 동작을 말한다. 농악 등에서 가락을 멋있게 치라는 말이기도 하다. 판소리에서 소리꾼이 소리의 극적인 효과를 주기 위하여 소리의 가락이나 사설의 내용에 따라서 몸짓과 손짓으로 표현하는 동작을 말하기도 한다.

■ 놀이

굿을 할 때 행하는 모든 행위를 말한다. 따라서 신성神聖한 놀이라 할 수 있다.

■ 농기(두레기)

두레패에는 영기라 부르는 작은 기와 대기라 부르는 큰 기가 있다. 두레패의 대기는 농기 또는 농상기, 덕석기, 두레기라 부른다. 긴 대나무로 깃대를 만들고, 그 끝에 꿩 꼬리로 만든 꿩 장목을 깃봉으로 달고 그 밑에 긴 깃 폭을 단다. 기폭에는 '神農遺業' 또는 '農者天下之大本'이라 쓴다. 용을 그리는 경우에는 '용기, 용당기, 용둣기'라고도 부른다.

■ 농기패

노작농악勞作農樂을 할 때 흔히 쓰이는 말로서 농기農旗를 든 농악꾼을 말한다.

■ 농사풀이

농식農式, 또는 농사굿이라 하기도 한다. 영동嶺東과 경상도 동해안 지역의 농악에서 쓰이는 말이다

■ 눈대목

눈대목이란 판소리에서 가장 두드러지거나 흥미 있는 장면을 말한다. 눈대목에는 소리의 기법이 농축되어 있으므로 잘 소화해 내기가 힘들다. 그러나 함축적이면서 짧은 시간에 보여주거나 들려주어야 할 경우에는 눈대목 부분을 위주로 한다. 설장구 연주에 있어서도 이 용어를 빌려 쓴다.

■ 느린 삼채

느리게 치는 삼채이다. '늦은 삼채, 긴 삼채'라고도 부른다.

■ 다드래기

쇠가락 중의 하나이다. 농악에서, 매우 빠른 빠르기로 몰아가는 채의 이름이다. 3분박 매우 빠른 4박자(8분의 12박자)이거나 2분박 매우 빠른 4박자(4분의 4박자)이다. 쇠가락 끝에는 다드래기로 몰아간다. 구성지고 씩씩한 가락이다.

■ 다리걸립패(나루걸립패)

지역 유지들이 다리나 나룻배를 보수하기 위한 자금을 걷기 위하여 조직된 걸립패를 말한다.

■ 다리굿

걸립패가 다리를 건너기 앞서 치는 고사굿을 말한다. "앗다! 그 다리 잘 놨다. 치렁치렁 건너가자."하고 구호를 외친다.

■ 다스름

한국 전통 음악 등에서 악기를 연주하기 전에 악기의 음률을 고르기 위해 짧은 곡조를 연주하는 것을 말한다.

관현악기 본 곡을 연주하기 전에 다른 곡을 짧게 연주해 보는 것이 다스름이다.

판소리에서 소리꾼이 목을 풀기 위해 단가를 먼저 부르는데 이것도 다스름이라 볼 수 있다.

풍류굿의 내드름도 다스름과 같다고 볼 수 있다.

설장구에서도 무대의 크기를 가늠해보거나 장구의 점검 그리고 구경꾼과의 거리 등을 판단하기 위해 다스름 마당을 두고 있다.

■ 대금大金

징을 상징하여 이르는 말이다.

■ 대삼

움직임을 크게 하라는 뜻이다.

■ 덧뵈기꾼

부산지역 농악에서의 농악꾼을 말한다.

■ 덧배기친다

농악을 한다는 뜻으로. 부산지방에서 쓰이는 말이다.

■ 덩덕궁이

쇠가락의 하나이다. 3분박 조금 빠른 4박자(8분의 12박자)이다. 고사굿과 판굿에 두루 쓰이며 상모놀이에는 이 가락이 주가 된다. 매우 구성지고 흥겨운 가락이다.

■ 도둑잽이굿(도둑잡이굿)

풍물굿에서 연희적인 성격을 띤 것으로 흥미로운 내용이 전개된다. 판굿 끝판에 상쇠와 대포수의 재담으로 엮어지는 놀이이다. 대포수를 도둑으로 가정하고 상쇠가 영을 내어 도둑을 잡아, 목을 베어 영기에 꽂고 개선한다는 내용이다.

■ 도청

호남지방에서 농악대를 지도하는 어른을 말한다.

■ 돌돌이

마을을 돌아다니는 것을 말한다.

■ 돌풍대

연풍대보다 두 배로 빨리 도는 것을 말하며, '돌사위'라고 불리기도 한다.

■ 동살풀이장단

무가에서 '살풀이'라고도 하며, 안당거리에 쓰인다 하여 '안당장단'이라고도 부른다. 진도珍島에서는 '흘림장단', 호남우도 농악에서는 판굿의 오방진五方陣에서 쓰인다 하여 '오방진가락'이라고도 부른다.

장단은 2소박 4개가 모인 보통빠르기의 장단으로 서양음악의 4분의 4박자로 표기할 수 있다.

■ 돛대 세우기

산치기로 부포를 세우고, 앞으로 나가면서 부포가 오래 서있게 해, 배에 돛대가 서 있는 모습과 같이 하는 재주이다.

■ 된 삼채

삼채를 빨리치는 것을 말한다. '빠른 삼채, 자진삼채'라고도 부른다.

■ 두렁쇠

논두렁에서 농악을 친다는 뜻이다. 경기와 충청농악에서는 비전문적인 마을 농악을 말하기도 한다.

■ 두레굿

두레패들이 치는 농악이다. 두레패는 들에 나갈 때, 논에서 논으로 이동할 때, 들에서 마을에 들어올 때 두레굿을 친다. 그러나 호남지방에서는 논에 들어가 김매며 치는 농악을 두레풍장이라 부른다. 풍장에는 들풍장, 도돌이풍장, 잦은풍장, 날풍장이라 하여 논에서 김매기를 시작할 때와 끝날 때의 쇠가락이 달라 여러 가지 변화가 있다. 호남지방에서 논에 들어가 치는 풍장은 꽹과리, 장구, 소고로 편성되며 소고 잡이는 풍장 옷에 어사화를 쓴다.

■ 두레패

농촌에서 농민들이 협동으로 일하기 위한 노동 조직체를 두레라 부른다. 두레를 조직하는 것을 '두레한다'고 한다. 일감에 따라 김매기 두레, 풀베기 두레, 삼 삼기 두레가 있다. 김매기 두레는 논에서 김을 매기 위해 짠 두레 이고, 풀베기 두레는 퇴비로 쓸 풀을 베기 위해 짠 두레다. 또 삼 삼기 두레는 실을 뽑기 위해 짠 두레 이다. 김매기 두레에는 두레굿, 두레풍장이라 하여 김매며 농악을 친다.

■ 뒤뿌림

설장구에 있어 열채를 몸 뒤로 뿌리는 동작을 말한다.

■ 뒤안굿

장독에 축원을 드리는 굿을 말한다.

■ 뒷손

꽹과리를 잡은 왼손을 말한다.

■ 뒷풀이

농악이 끝나고 구경꾼들과 합세하여 춤을 추는 것을 말한다.

■ 들당산굿

걸립패가 마을에 들어가기 전에 동구 밖에서 치는 굿을 말한다. 주로 호남지방에서 쓰인다.

■ 등맞추기

쌍쌍이 등을 대고 일제히 앉았다 섰다 하는 놀이를 말한다.

■ 뜬쇠

남사당패의 농악에서 쓰이는 말로 '우두머리'라는 뜻이다.

■ 리듬

리듬은 음악의 3요소(리듬Rhythm, 멜로디Melody, 하모니 Harmony) 중의 하나이다. 음의 높낮이와 세기가 일정한 사이를 두고 거듭되는 것으로 음악의 흐름과 박자를 구성하는 요소가 된다.

리듬은 다양한 분야에서 사용되며 개념도 다양하다. 문학에서도 언어의 운율을 리듬으로 보기도 하고, 음악, 춤, 경제 등 많은 분야에서 '리듬'이라는 단어가 쓰인다. 일정 시간에서 반복되는 패턴을 리듬이라 말하며, 서로 다른 분야에서도 비슷한 의미로 사용됨을 알 수 있다.

■ 마당

장단에서 암장단과 숫장단을 한 집으로 본다면, 여러 집을 묶은 것이 '마루'이다. 다시 마루를 묶은 것이 마당이 된다.

전체적인 설명은 '집'의 설명을 참고하면 된다.

■ 마당굿

걸립패들이 집안 마당에서 벌이는 조그만 판굿을 말한다.

■ 마당밟이(답정굿·지신밟기)

정초에 농악대들이 집집마다 돌며 치는 농악을 말한다. 농악을 치며 집안 구석구석을 누비면 '터를 누른다'하여 지신을 진정시키고 잡귀가 물러가며 가신의 축복을 받는다고 한다.

■ 마루

내고, 달고, 맺고, 푸는 한 흐름의 시간적 길이를 말한다.

장단에서 암장단과 숫장단을 한 집으로 보는 것이다. 다시 여기에서 여러 집을 묶은 것이 '마루'이다. 전체적인 설명은 '집'의 설명을 참고하면 된다.

■ 마을문굿

들당산굿에 딸린 문굿이다. 그 마을에서 걸립패의 솜씨를 가늠해 보고자 할 때, 동구 밖에서 걸립패들이 벌이는 판굿의 일종이다. 마을의 허락을 받고 들어가는 절차가 따른다.

■ 마치

풍물놀이나 무속 음악 등에서 장단을 이르는 말이다. 한 흐름에서 마치는 장단이나 한 호흡의 단위이다.

■ 매구

섣달 그믐날 잡귀를 쫓는 굿이다. 이러한 굿은 주로 호남지방 농악에서 볼 수 있다. 천 년 묵은 여우가 변하여 된다는 괴이한 짐승을 이르기도 한다.

■ 매조지

매조지란 뜻은 일의 끝을 단단히 맺어 마무리하는 일을 말한다. 풍물굿이나 설장구 등에서 한 마당이 끝나면 매조지를 한다. 즉, 마무리 가락을 하고 다음 마당으로 넘어가든지 끝맺음을 할 때 매조지 가락을 연주한다.

우리는 흔히 '매도지'라 부르며, 맺는 가락, 맺음 가락이라고도 부른다.

■ 머리장단

상쇠가 장단을 넘길 때, 새로 앞 넘김 장단을 주는 것을 말한다.

■ 멍석말이

농악놀이에서 멍석말이란 한 줄로 죽 서서 나사 모양으로 돌아들면서 농악을 치고, 다시 거꾸로 풀어 나오는 진 굿이다. 양주 별산대놀이 춤사위의 하나이기도 하다. 풍물굿에서는 오방진이 있다. 비숫한 용어로 방울진, 고동진, 도래진이 있다.

설장구에서는 멍석을 말듯이 뛰면서 원을 그리며 도는 동작이다.

■ 면돌이

산치기로 부포를 세운 다음 부포를 쓰러지지 않게 가누며 얼굴을 돌려 부포도 함께 돌게 하는 재주이다.

■ 모가비

농악대의 총무를 말한다. 주로 경남지방에서 쓰이는 말이다.

■ 모둠발

설장구에서 두 발을 가지런히 한자리에 모아 붙여 뛰는 동작으로 '모둠 뛰기' 또는 '모둠발 뛰기'라고도 한다. 뛸 때는 몸에 굴신을 주어야 한다.

■ 모리

반주 장단에서 빠르기의 한 단위이다.

한강 이남 경기도와 충청도의 무속 음악에 쓰이는 장단의 이름이기도 하다.

■ 무굿

무당이 하는 굿판을 말한다.

■ 무동놀이

판굿에서 무동들이 춤추는 놀이이다. 경기와 전라도에서는 어린 소년이 성인의 어깨 위에서 춤을 추고, 강원도 영동지방에서는 땅 위에서 춤을 춘다.

■ 무동춤

어른무동과 어린이무동들이 추는 춤을 말한다.

■ 문굿

입동入洞할 때나 집돌이 할 때 문간에서 치는 굿을 말한다.

■ 물레 밟기

물레란 목화솜이나 털 따위의 섬유를 자아서 실을 뽑는 간단한 재래식 기구이다. 또는 도자기 공예에서 사용하는 회전 기구를 말한다.

설장구에서 물레를 밟듯 발을 들어 올렸다가 발끝으로 딛는 동작을 말한다. 이는 도자기를 빚을 때 발 물레에서 작업 동작 모습을 보고 따온 용어이다.

■ 미지기(밀치기)

미지기란 전라도 농악에서 상쇠와 부쇠가 서로 마주 보면서 꽹과리를 치는 놀이를 말한다. 풍물에서 치배가 두 줄로 마주 보고 서로 밀고 당기며 노는 진 굿을 말하기도 한다.

잽이들이 몇 쌍씩 마주 서서, 한편이 나서면 다른 편이 물러서고 한편이 물러서면 다른 편이 나서는 놀이이기도 하다.

설장구에서도 짝을 지어 앞뒤로 왔다 갔다 하는 동작을 말한다.

■ 미투리 신발

원래 삼이나 노 따위로 짚신처럼 삼은 신을 말한다. 풍물굿 등에서 사용되는 풍물용 신발을 이르기도 한다.

■ 민속악民俗樂

민속악이란 민간에서 생겨나 민중 생활의 일부로서 전해 내려오는 음악을 말한다.

민속악(민속음악)은 정악에 속하지 않는 모든 한국정통음악을 총칭하는 말로 정의할 수 있다. 민속악은 정악에 반대개념으로 볼 수 있다.

■ 밑놀음

상체운동을 하지 않는 것으로 고갯짓을 하지 않는 춤이다.

■ 박拍

장단을 구성하는 최소단위이다. 박이라는 것이 모여 박자가 되고 박을 쪼개 모인 박자가 리듬이 되며, 곡 전체를 어떠한 속도로 박들을 가지고 갈 것인지를 결정하는 것이 빠르기이다. 일반적으로 셈을 할 때는 숫자를 사용하지만, 음악에서는 박을 가지고 셈을 한다.

■ 박자拍子

박자란 장단의 진행을 알리는 시간적 단위를 말한다. 박이라는 것이 모여 박자가 되고 박을 쪼개 모인 박자가 리듬이 되며, 곡 전체를 어떠한 속도로 박들을 가지고 갈 것인지를 결정하는 것이 빠르기이다. 박자는 박의 기준이 되는 음표를 분모로 그리고 그 음표가 한 마디 안에 몇 번 들어 갈 것인지를 분자로 표시한다. 박이 모이면 그 안에 강약이 생기게 되며, 이때 보통 첫 박은 강박이 되는 경우가 많다.

■ 반멕이

고사告祀소리의 하나이다. 낭걸립패들이 마을에 들어가 그 마을의 노인들을 즐겁게 해주기 위해서 부르는 노래이다.

■ 반삼채

삼채장단을 반 장단으로 나누어서 치는 것을 말한다. 보통 궁채를 궁편과 채편으로 나누어 넘겨 친다.

■ 발디딤

발디딤의 사전적 풀이는 발을 디딜 수 있게 만들어 놓은 것을 말한다.
설장구 등에서는 발을 들거나 딛는 동작을 말한다.

■ 발림

발림의 뜻은 판소리에서 소리꾼이 소리의 극적인 전개를 돕기 위하여 소리의 가락이나 사설의 내용에 따라서 몸짓과 손짓으로 나타내는 동작이다.

다른 뜻풀이로는 예쁘게 보이기 위하여 무엇을 바르는 것을 말한다.

장구에서는 일반적으로 몸 전체의 태(동작)를 말할 때 사용한다.

비슷한 말로 사체와 너름새가 있다.

■ 발바치

살풀이춤에서 나온 용어로 한 발을 받쳐 들고 서는 춤사위를 말한다.

설장구 등에서는 발밑에 무엇을 받친 것처럼 한 발을 정강이 높이까지 앞이나 옆으로 들어 올리는 동작을 말한다. 보통은 한 발을 들었다가 놓으면 다시 다른 발을 들어 올리는 동작으로 이어간다.

'발받침'이라 부르기도 한다.

■ 방구

모내기를 할 때의 소고놀이를 말하는 것으로, 보통 '못방구' 또는 '못방고'라고도 한다.

북과 비슷한 농악기의 하나이며, 자루가 없이 고리만 달려있어 줄을 꿰어 메고서 치는 데 소리는 소고와 비슷하다.

■ 배培

한 장단 혹은 한 흐름으로 엮어진 여러 장단의 음악적 시간의 길이를 말한다. 장단의 빠르기를 말할 때 한배라는 용어를 사용한다. 한배란 화살이 날아가는 거리와 시간을 뜻하나 국악에서는 음악의 빠르고 느린 정도를 말한다. 한배는 장단의 하위 개념으로 박의 시간적인 길이를 말한다.

■ 배밀어기

산치기로 부포를 세운 다음 고갯짓과 발짓으로 부포 끝을 밀어내 부포가 퍼지게 하는 재주이다.

■ 버슴새

어떠한 행위 속에서 묻어 나오는 개성이 담긴 자태나 모양새를 말한다.

버슴새는 남사당패에서 사용하는 말이다. 치배들이 악기를 연주하다가 극도에 오르게 되면, 망아의 경지에서 갖는 치배의 본질적 모습이다. 그래서 선인善仁의 모습을 하기도 하고, 악인惡人의 모습을 하기도 한다. 예술의 경지를 드러내는 용어이다.

■ 법고法鼓

소고 또는 매구 북이라 하는데, 농악에서 법고라 함은 절걸립 때 나온 말이다.

다른 풀이로 부처 앞에서 치는 쇠가죽으로 만든 작은 북을 말한다.

불교에서 예불할 때나 의식 때 치는 큰 북을 말한다.

'버꾸'의 본딧말이기도 하다.

■ 법고놀이(소고놀이)

판굿에서 법고잽이들이 나와서 소고를 치며 춤을 추고 여러 채상모 놀이와 연풍대, 허궁잡이를 하는 놀이이다.

■ 변

농악인들 사이에서 쓰이는 암호화된 말을 말한다.

사전적 풀이로는 남이 모르게 저희끼리만 암호처럼 쓰는 말이다.

■ 변죽

장구 가죽면의 복판을 벗어나 테까지의 부분이다. 장구의 가죽 면이 울림통에 닿은 면에서 테까지의 부분을 말한다. 채편의 경우, 소리반주 등에서 많이 사용되는 부분이기도 하다.

■ 별달거리

영남지역의 농악에 뿌리를 둔 사물놀이인 '영남농악'의 한 부분으로 4·4조의 사설과 2소박 4박자의 빠른 장단을 번갈아 연주하는 부분을 말한다.

■ 복판

장구의 궁편이나 채편의 중심부분을 가리킨다. 주로 연주될 때 사용되는 부분이기도 하다.

■ 복판치기(해바라기)

산치기로 부포를 세웠다가 고갯짓으로 부포의 복판을 꺾는 재주
이다.

■ 부들상모

상모의 물체를 부드럽게 하여 부포를 이리저리 흔들 수 있도록 만
든 부포상모를 말한다. 본래 상모는 부들상모였으나 뻣상모가 생긴
뒤, 예전 것을 부들상모라 부른다. 영남과 호남 좌도풍물굿에서 써
왔으나 차츰 뻣상모로 바뀌어 가고 있다.

■ 부포놀이

농악대의 쇠잡이가 부포상모를 쓰고 이리저리 재주 부리는 놀이
를 말하며, '부포짓'이라 하여 호남농악에서 발달하였다. 부포놀이
에는 일사(외상모), 이사(양산모), 사사, 퍼넘기기, 전치기, 전조시,
산치기, 연봉놀이, 불모디기, 돛대세우기, 이슬털이, 면돌림, 복판치
기, 배밀어기 등이 있다.

■ 부포상모

쇠꾼들이 쓰는 상모를 말한다. 깃털로 꽃처럼 만든 상모이다. 고
니의 날개 깃털이 가장 좋다.

■ 북시말이

완도莞島지방 농악에서 쓰이는 말로 '상모놀이'라는 뜻이다.

■ 불넘기

판굿의 끝판에 농악수들이 농악을 치며 차례로 모닥불을 뛰어넘는 놀이이다.

■ 붙임새

판소리에서 말이 장단 또는 박에 어긋나게 붙는 기교이다.
장구 장단에서도 쓰이는 기교이다.
비슷한 말로 엇붙임, 엇부침, 엇박, 엇가락 등이 있다.

■ 비조리

경기도 이천에서 쓰이는 말로, '개인놀이'라는 뜻이다.

■ 비켜 치기

예를 들면, '덩'을 칠 때 '따'를 먼저치고 순간적으로 '궁'을 빠르게 붙여 치는 기법을 말한다. 갈라치기와 비슷한 용어이다.

■ 벗상모

상모의 물체를 벗벗하게 하여 부포를 세우도록 만든 부포상모이다. 호남 좌도농악의 쇠잡이가 쓴다.

■ 사물四物놀이

사물놀이란 꽹과리, 장구, 북, 징의 네 가지 악기(사물四物)를 가지고 연주하는 놀이를 말한다. 1978년에 김덕수 패(두들소리패)가 처음 사물놀이 연주를 하였다고 한다. 사물놀이는 다양한 장단을 연주하며 긴장과 이완의 주기적인 흐름에서 기경결해起輕結解(시작, 진행, 절정, 마무리)의 전개방식으로 진행된다.

사물놀이는 대규모의 풍물놀이를 적은 수로 놀 수 있게 각색한 것이다. 현재는 무대예술로 각광을 받고 있다. 사물놀이의 대표적인 것으로는 비나리, 설장구, 농악(대부분 '앉은 반' 형태로 연주), 판굿 등이 있다.

■ 사잇가락

사잇가락이란 사이사이에 끼이는 장단을 말한다.

한 장단을 치고 나서 다음 장단으로 넘어갈 때 사용한다. 이는 가락이 끈기는 맛이 나거나 매끄럽지 못할 때, 가락이 부드러운 맛이 나도록 이어주는 효과가 있다.

■ 사사(사사윗)놀이

왼편으로 두 바퀴, 오른편으로 두 바퀴씩 교대로 상모를 돌리는 상모놀이를 말한다.

■ 사체四體

사체의 뜻을 다음과 같이 풀이 할 수 있다.

1) 사람의 두 팔과 두 다리를 통틀어 이르는 말이다.

2) 팔다리와 머리, 그리고 몸뚱이를 말한다.

3) 서예書藝의 네 가지 서체를 말한다. 네 가지 서체로는 초草 · 장초章草 · 예隸 · 산례散隸 또는 고문古文 · 전篆 · 예隸 · 초草가 있다.

4) 판소리에서 소리의 극적인 전개를 돕기 위하여 몸짓이나 손짓으로 하는 동작을 말한다.

장구에서 사체는 궁채를 두드릴 때 열채 쥔 손으로 추는 춤을 말한다. 열편의 가락에 여유가 있을 때 오른손의 손과 팔을 이용해 모양을 내는 동작이다. 예로 열채를 돌리거나, 열채 쪽 어깨, 팔, 손목 등을 이용해 여러 가지 춤사위를 만들 수 있다.

다른 풀이로는 판소리에서 쓰는 용어 사체를 장구동작에 가져온 것으로 보고 있다. 즉 열채 놀이 동작을 이르는 말이다.

또 다른 풀이로 열채를 비스듬히 들어 올린다하여 비낄 '사斜'자를 써서 사채가 있다.

또 다른 풀이로는 뱀처럼 팔을 비틀어 돌린다는 뜻으로 뱀 '사蛇'자를 써서 사채가 있다.

비슷한 말로 '너름새와 발림'이란 용어가 있다.

■ 사통배기(4진굿)

네 군데서 차례로 도진을 짜는 놀이를 말한다, 세 군데 짜면 삼통배기, 다섯 군데 짜면 오통배기가 되고 두 군데 짜면 쌍진굿, 좌우각진, 두통배기가 된다.

■ 삼색띠(삼색대, 농악띠)

삼색띠는 농악복식을 장식하는 구성품으로 적색·청색·황색 또는 적색·녹색·황색 또는 빨강, 파랑, 노랑의 긴 직사각형 모양의 띠를 양어깨와 허리에 둘러 묶는다. 삼색띠의 색상과 착용방법은 지역적으로 차이가 있다.

■ 삼진삼퇴三進三退

삼진삼퇴의 원 뜻으로 과거에 급제한 선배들이 새로 급제한 사람을 부를 때에 세 번 앞을 나오고 세 번 뒤로 물러가게 하던 일을 말한다.

승전무 춤사위의 하나이며, 농악의 장구놀이나 문굿의 일곱째 거리에 나오는 춤사위이기도 하다.

장구를 치면서 앞으로 삼보, 뒤로 삼보를 반복하는 동작이다.

■ 삼채

삼채장단은 3소박 보통 빠른 속도로부터 조금 빠른 속도의 4박자로, 서양음악의 박자로 표기하면 8분의 12박자 장단이다.

보통 농악에서 삼채라 부르며, 일반적으로는 자진모리라 부른다. 따라서 늦은자진모리는 긴삼채라 하고, 자진자진모리는 자진삼채 또는 된삼채라 부른다.

■ 상모

악기를 연주하는 연주자들이 쓰는 모자이다. 벙거지 모자에 달린 짧은 지지대에 길게 자른 한지를 붙여 만든다. 지역에 따라 채상 등으로 불리기도 한다. 연주자들은 흥겹게 악기를 연주하고 뛰며 상모를 돌린다. 또한, 쇠치배들은 '전립'이라고 부르는 상모를 쓰는데, 이는 다른 상모와는 달리 긴 종이를 붙이지 않고, 짧은 지지대에 부포 등을 달아 돌린다.

상모를 돌모, 꼬꼬매라고 부르기도 한다. 농악대의 쇠잡이나 법고잡이가 쓴다. 꼬꼬매는 상모를 꼬꾸라미라 부르는 데서 나온 것 같다. 상모는 형태에 따라 나비상모, 부포상모, 채상모, 12발상모가 있다.

■ 상모놀이

농악수들이 상모 달린 벙거지를 쓰고 상모를 이리저리 돌리며 재주를 부리는 놀이를 말한다. 상모놀이에는 부포상모를 쓰고 부리는 부포놀이, 채상모를 쓰고 부리는 채상모놀이가 있다.

■ 상쇠

농악대의 연주자들 맨 앞에 서서 꽹과리를 치는 사람으로 전체 굿판을 이끌어 나가는 중요한 역할을 한다.

■ 상치배

각 치배의 맨 앞에서 연주를 하는 사람으로서 농악대에서 해당 악기를 가장 잘 다루거나 가장 연륜이 있는 사람이 보통 맡는다. 악기 이름을 붙여 상쇠, 상장구(수장구) 등으로 부르며 북은 수북, 징은 수징이라고 한다. 소고는 수소고 등으로 부르며, 잡색의 상치배 역할은 대포수가 맡는다.

■ 서낭

밀양농악의 큰 기旗를 말한다.

■ 서낭옷

서낭기城隍旗의 기폭을 말한다.

■ 선반

서서 연주하는 풍물굿의 형태를 지칭한다.

■ 설장구

설장구를 선반에서의 장구놀음으로 착각하기 쉬우나 여기서의 설은 상장구, 수장구의 의미이다. 즉 뛰어난 장구 치배가 하는 장구놀음이다. 따라서 앉아서 하는 설장구도 있을 수 있다.

본래 상쇠와 둘이서 놀이판 가운데 나와 서로의 가락을 주고받으며 놀던 것이었으나, 전북 정읍의 유명한 장구잽이 김홍집金弘集에 의하여 오늘날과 같이 혼자 하는 형태가 되었다고 한다.

설장구는 대개 구정놀이, 굿거리, 동살풀이, 덩덕궁이 등으로 구성된다.

■ 성주굿

성주신을 모시는 굿을 말한다.

■ 성주풀이

무당이 성주받이를 할 때 복을 빌기 위하여 부르는 노래 또는 그 굿을 말한다.

전라도 신청걸립패에서는 고사 소리꾼이 삼현육각의 반주로 성주풀이를 고사소리에 이어서 부른다. 이 성주풀이는 민간에 퍼져서 민요화되었다.

■ 성황기|城隍旗

남쪽 해안 지방에서, 배 고사를 지낼 때 배 임자의 이름을 적어 배에 다는 기를 말한다.

■ 샘굿

걸립패가 마을 공동우물이나 집안 우물에서 치는 고사굿을 말한다.

■ 세마치

세마치는 경기 민요와 같이 조금 빠른 3박의 장단이다. 이 장단은 3분박으로 나뉘므로 보통 9/8박으로 적는다.

■ 소금|小金

꽹과리를 일컫는 말이다.

■ 소리굿

판굿 가운데 잽이들이 둥글게 서서 일제히 부르는 놀이이다. 경기도에서는 '상사소리'를 부르고 전라·경상도에서는 '에헤야 소리'를 부른다.

■ 소삼

움직임을 작게 어르라는 뜻이다.

■ 속악俗樂

중국계의 아악이나 당악에 상대하여 우리 고유의 전통 궁중 음악을 이르던 말이다. 또는 민간에서 생겨나 민중 생활의 일부로서 전해 내려오는 음악을 말한다.

■ 쇠가락

농악 장단을 쇠가락이라 부른다. 농악의 음악은 상쇠의 쇠(꽹과리)가 주도하기 때문에 이렇게 부른 것이다. 흔히 쓰이는 쇠가락에는 길굿, 덩덕궁이, 다드래기, 굿거리 등이 있다.

■ 쇠놀이

판굿에서 상쇠, 부쇠, 종쇠 등 쇠잡이가 하나씩 나와 갖가지 가락을 치며 여러 가지 상모놀이를 한다. 경기도에서는 쇠발림을 하기도 한다.

■ 쇠발림

상쇠가 추는 춤을 말한다. 판굿의 쇠놀이에서는 쇠잡이가 상모놀이를 한 다음, 꽹과리채를 거꾸로 쥐고 쇠채수건(너설)을 휘저으며 추는 춤으로 경기농악에서 볼 수 있다.

■ 수령수

영기令旗를 든 사람

■ 수박치기(손뼉치기)

손뼉 칠 때와 오금이 일치하여야 한다. 맞는 반동으로 어깨가 올라간다. 체중을 실어서 소리가 멀리 퍼지도록 발은 90도보다 작게 벌리며, 왼쪽 발이 약간 앞으로 나가며 체중이 더 많이 실리도록 한다.

■ 숙바더듬

장구춤에서 오른손을 놀리는 동작의 하나이다.

설장구에서 숙바더듬은 궁채로 넘겨치기 하면서 장구의 조임줄(숙바)과 고깔을 궁채로 건드리는 놀이이다.

비슷한 말로 '숫바더듬, 쑥밭더듬'이 있다.

■ 쌍장구

평안도굿은 평안도에서 월남한 무당과 악사들이 남한 땅에 전승한 무속의례이다. 그중에 타악기 편성으로 이루어지는 쌍장구(또는 겹장구) 연주가 독특하다. 상장구와 하장구 두 장구가 한조를 이루어 음악을 연주하는 것인데 하장구가 상장구 리듬을 보좌하게 된다. 상장구는 굿 음악을 리더하면서 대무당과의 호흡을 맞추면서 굿을 이끌어 나간다.[3]

■ 쌍장구놀이

설장구놀이에서 두 사람이 짝을 지어 하는 경우를 이르기도 하지만, 장구 두 개를 메고 치는 것을 말하기도 한다.

---

3) 한국민족문화대백과사전

■ 쌍진雙陣풀이

경남 삼천포 농악에서 농악대가 두 패로 장사진을 치고 춤추다가 맨 앞에서부터 다음 사람들 사이로 빠져나오는 놀이이다.

■ 앉은반

풍물을 칠 때 앉아서 연주하는 것을 지칭한다.

■ 앙감질

한 발은 들고 한 발로만 뛰는 짓을 말한다.
비슷한 용어로 깨금발이 있다.

■ 양산도 장단

보통 빠른 4분의 6박자 또는 8분의 9박자이다. 규범 표기로 '세마치장단'이다. 풍물굿에서는 보통 4박이 한 집을 이룬다.

■ 양장구

양장고兩杖鼓에서 나온 말로 궁중 음악에서 쓰던, 가죽으로 만든 타악기를 이른다.
다른 풀이로는 장구의 궁채가 궁편과 채편을 오가며 치는 것을 말하기도 한다.

■ 얼림굿(어림굿)

농악에서 농악대들이 연주를 시작하기 전에 얼르는 쇠가락이나 판굿의 명칭이다. 농악을 시작하기 전에 상쇠가 농악대들을 모아 놓고 정해진 장단 없이 "덩덩덩덩……"라고 연타하면 다른 잽이 들도 이와 같이 따라 치는데, 본래 서낭대나 영기令旗를 세워놓고 신神을 받는다는 의식에서 비롯된 것이다.

■ 엇모리

엇모리는 일정한 박자가 계속 반복되는 장단이 아니라 빠른 3박과 2박이 혼합된 10박의 특이한 장단이다.

■ 엇붙임

엇붙임이란 판소리에서 사설을 장단이나 박자에 어긋나게 붙이는 기교의 하나이다. 다른 뜻으로는 두 목재의 끝을 엇비슷이 깎아서 맞붙여 잇는 방식을 말한다.

엇붙임에는 밀붙임, 당겨붙임, 잉어걸이, 완자걸이, 엮음살이 같은 기교가 있다. 이 기교는 판소리뿐만 아니라 기악, 춤, 농악 등 거의 모든 음악 분야에서 사용되는 기교이기도 하다.

비슷한 용어로 엇부침, 엇박, 엇가락, 붙임새 등이 있다.

■ 엇조시

굿거리에서 각 박에 발을 딛지 않고 발을 들어 올리는 발디딤을 말한다. 이를 두고 진도 씻김굿의 박병천 명인은 이를 '엇조시'라 이름 붙였다. 일명 '드는 발'이라고도 한다.

■ 엇중모리

판소리에서 쓰이는 장단의 하나로 보통 빠르기의 6박이다. 치는 법은 '덩 궁 딱 궁 딱 궁'이다.

■ 역진 당산굿

농악꾼들이 문굿을 하려고 입동入洞할 때 뒷걸음으로 들어가는 것을 말한다.

■ 엮음살이

원래 장단과 다른 성질의 장단을 엮어서 만들어 낸 새로운 장단을 말한다.

■ 연봉놀이

산치기로 부포를 세운 다음 발짓, 고갯짓으로 부포를 놀려 부포가 마치 연꽃 봉오리가 피었다가 오므려지는 모습으로 재주를 하는 부포놀이의 일종이다.

■ 연풍대燕風臺

연풍대란 둥근 원을 따라가면서 도는 동작을 말한다. 농악무農樂舞 등에서는 개인이 몸을 돌면서 재주를 보이는 동작을 말하기도 한다.

제비가 몸을 뒤집고 날렵하게 나르는 모습에서 용어의 뜻을 찾기도 한다.

또한 연풍대에 대해 '대자리가 바람에 들썩이듯 춤을 춘다.'라는 표현도 있다.

연풍대는 풍물놀이, 검무, 승무, 무용 등 어디에서나 사용되는 춤사위 중의 한 동작이다. 두루 걸이와 자반뒤집기도 연풍대의 일종으로 볼 수 있다.

황해도굿에서는 이 춤을 '맴돌기'라고 부른다.

연풍대는 일반적으로 춤의 시작과 끝(마무리)에서 많이 볼 수 있다.

■ 열두(12)발 상모

채상의 길이를 매우 길게 만든 상모를 12발이나 길다 해서 12발 상모라 부른다. 12발 상모가 달린 상모는 고사굿이나 길굿에서는 쓰지 않고, 판굿의 개인놀이 중 12발 상모놀이에서만 쓰인다.

■ 열채

장구의 열편을 치는 채이다. 대나무를 깎아서 만들며 높고 날카로운 소리를 낸다. 열채로 낸 소리를 빗소리에 비유하기도 한다.

■ 열채 던지기

설장구에서 열채를 위로 던졌다가 받는 동작이다. 스릴 효과를 얻을 수 있다.

■ 영남농악

경상도 농악은 남성적인 느낌이 나는 것이 특징이며, 장구보다 북이 위주가 되어 힘차고, 전투적인 느낌의 연주를 하고, 진을 많이 짠다. 실제로 영남농악은 농악 중에서도 진법과 강렬한 채상동작들이 주가 된다. 대표적인 가락으로는 별달걸이, 반길군악 등이 있다.

■ 영산가락

호남풍물굿에 쓰인 쇠가락의 하나이다.

■ 영산다드래기

경상도 남부지방 쇠가락의 하나이다.

경상남도 삼천포 농악에서 상쇠가 이끄는 대로 소고잽이들이 갖가지 상모놀이 재주를 보이는 판굿을 말한다.

전라도의 우도굿에서 상쇠와 부쇠가 꽹과리로 소쩍새 우는 소리를 서로 주고받으며 연주하는 가락을 말한다.

※ 소쩍새굿 – 전라 우도굿에서 상쇠와 부쇠가 꽹과리로 소쩍새 우는 소리를 서로 주고받으며 연주하는 가락을 말한다.

※ 소쩍새 가락 – 전라 우도 농악에서, 상쇠와 부쇠가 꽹과리로 소쩍새 우는 소리를 서로 주고받으며 연주하는 가락

■ 옆걸음

옆으로 걷거나 뛰는 걸음을 말한다. 한 발을 옆으로 옮기고 다른 발을 그 옆에다 갖다 붙이면 다시 처음 발이 옆으로 나가고, 다시 다른 발을 갖다 붙이는 것을 반복한다.

다른 말로 '게걸음, 옆걸음 뛰기, 옆 뛰기'라 부른다.

■ 옆뿌림

열채를 옆으로 뿌리는 동작이다. 열채를 쥐고 춤을 추는 동작이기도 하다.

■ 오금

무릎 관절 안쪽의 오목한 부분이나 팔꿈치의 안쪽을 이르는 말이다. 장구에 있어서 오금은 무릎 관절과 관련이 있다. 무릎 뒤쪽으로 접는 동작을 말하며 한자말로 굴신屈伸이 있다.

■ 오금질

무릎을 구부렸다 펴면서 몸을 위아래로 출렁이게 하는 동작을 말한다. 장단에 기운을 실어, 몸을 흥이 나게 하는 동작이다. 오금질 동작을 두고 마치 그네를 타듯, 또는 공을 튕겨 놀 듯, 자전거를 타듯이 둥글게 감아가라 이르기도 한다. 둥글게 감아가는 동작에서 장단의 기운과 맛이 나고 호흡이 이루어진다.

■ 오방진

동서남북과 중앙의 오방위에 방울진(달패이진)을 짜는 놀이를 말한다.

■ 오방진가락

오방진가락은 휘모리 두 장단을 합한 길이와 같다. 동살풀이가락과 비슷하다.

■ 오채질굿(우질굿)

호남 우도농악 판굿의 첫머리에만 연주되는 쇠가락으로 징이 다섯 점 들어가는 행진가락이란 뜻이다. 오른편으로 돌며 쇠가락을 치기 때문에 '우질굿'이라 부르기도 한다.

■ 완자걸이

판소리나 산조와 같이 리듬 변화가 다양한 음악에 쓰이는 리듬 기교이다. 정상 장단이 가는 중에서 끊기는 기교이다. 관련된 용어로 '엇붙임(엇박, 엇가락)'이 있다. 장구장단에서도 쓰이는 기교이다.

■ 완자걸이사위(卍)

무속 무용인 경기도 살풀이에서 실을 엮듯이 발을 엮으며 나가는 춤사위이다. 또한 승무에서 앞발과 뒷발을 꼬아 디디며 완자무늬처럼 걸어가는 걸음걸이를 말한다. 설장구에서도 응용한 동작이 있다.

■ 외양간굿

외양간에서 치는 고사굿을 말한다.

■ 외장구

죽은 이의 영혼을 위한 굿에서 무당이 장구를 스스로 연주하면서 긴 무가를 노래한다. 이때 망자를 천도하는 의식을 거행하면서 무당은 대부분 장구를 세로로 세워놓고 한쪽 면만을 장구채로 두드리면서 연주한다. 이렇게 장구의 한쪽 면만을 친다는 의미에서 '외장구'라고 하였다.

■ 용기

용을 그린 기를 '용기' 또는 '용당기'라 한다,

■ 용솟음

산치기로 부포를 세우고 발짓, 고갯짓으로 부포를 놀려 연봉놀이처럼 부포를 폈다 오므렸다 하는데, 이 부포를 힘 있게 늘였다 당겼다 함으로써 용이 힘차게 솟아오르는 모습을 연출하는 부포놀이의 하나이다.

■ 용트림

'지之'자로 걸어가면서 춤추는 것을 말한다. 호남농악에서 쓰이는 말이다.

■ 윗놀음

말뜻은 상체上體놀음이라 하나, 실제로는 꽹과리나 소고잽이들이 하는 고갯짓(상모놀이)놀이이다.

■ 웃다리농악

웃다리농악은 경기도와 충청도 일대의 농악을 지칭하는 말이다. 이 농악은 모든 치배가 상모를 쓰며, 판굿의 짜임새가 다양하고, 무동들이 추는 깨끼춤과 다양한 무동 타기가 있는 것이 특징이다. 대표적인 가락으로는 칠채, 육채, 휘모리를 4가지 패턴으로 나누어 치는 자진가락이 있다.

■ 우도농악

풍물굿에서 나누어지는 구분이다. 이에 대한 것으로 좌도농악이 있다. 대략 섬진강 줄기를 기준으로 하여 우도농악은 호남의 평야 지대인 만경강, 동진강, 영산강 일대로 익산, 옥구, 정읍, 부안, 고창, 김제, 영광, 장성, 함평, 나주, 광주, 장흥, 강진, 영암, 무안 등 전라도 지역에서 활동하고 있다.

우도 농악의 특징은 "가락이 다채롭고, 여성적이며 섬세하다."라고 평가되어 지고 있다.

우도농악에는 설장구놀음, 꽹과리 부포놀음 등이 있다.

우도농악의 명인들로 김오채, 김병섭, 최막동 등을 들 수 있다.

그렇다고 우도농악과 좌도농악이 지역적으로 명확히 구분되어있는 것은 아니고, 부분적으로 섞여 있는 것이 지금의 현실이다.

농악에 대하여 전국적으로 살펴보면, 경기도와 충청도는 웃다리 농악, 전라도는 좌도와 우도농악, 경상도는 경남농악과 경북농악, 강원도는 영동농악이 있다.

■ 울림통

장구의 몸통을 말하며, 오동나무나 소나무 외에도 여러 가지 재료를 사용해서 만들어 진다. 명칭에 있어 혼동이 많으나 여기에서는 울림통으로 통일하였다. 별칭으로 장구통, 장고통, 공명통, 울음통 등 다양하게 불리고 있다.

■ 위 감기

열채 잡은 손목을 안으로 굽히면서 위로 들어 올려 열채를 감는 동작을 말한다.

■ 이슬털이

산치기로 부포를 세우고 다시 제쳐서 풀잎이 이슬을 털어내는 시늉을 하는 부포놀이의 하나이다.

■ 일광놀이

호남 우도 농악에서 상쇠와 대포수가 재담으로 엮어서 하는 연극놀이를 말한다.

■ 자반뒤집기

생선의 부패를 방지하기 위하여 소금에 절인 생선을 총칭하여 자반이라고 하는데 자반은 좌반佐飯의 사투리 발음이다. 자반갈치는 소금에 절인 갈치를 말한다. 자반을 구울 때 앞뒤로 돌려가며 익히던 데서 그 모양을 빗대어 나타낸 말이다. 따라서 '몸이 몹시 아파서 엎치락뒤치락 하는 것'을 비유하기도 한다. 씨름에서 '자반뒤집기'는 상대가 허리샅바를 놓으면 빨리 상대의 복부 밑으로 들어간 뒤에 중심을 낮추고 상대의 누르는 힘을 이용하여 자신의 머리를 들면서 앉아서 뒤로 드러눕듯이 상대를 뒤로 넘기는 기술을 '자반뒤집기'라고 한다.

농악에서의 자반뒤집기는 '자반뒤지기' 또는 '두루 걸이 연풍대'

등으로 불리는 일종의 연풍대와 비슷하다. 자반은 크게 세 가지 형식으로 나누어 볼 수 있다.

1) 두루 걸이로 도는 형식

소고를 앞으로 멀리 뿌리듯이 땅을 치며 등을 땅 쪽을 향할 때 소고의 뒷면을 가볍게 친다. 몸은 비스듬히 누운 상태로 오른발이 땅을 구를 때 힘이 들어가도록 하며 돌 때는 두 다리가 쭉 편 상태이어야 한다. 엉덩이를 안쪽으로 집어넣고, 고개의 시선은 원점을 보며 돈다.

2) 점프하는 형식

조금씩 점프하면서 도는 형식으로 몸을 낮추어 다리와 허리의 힘 배분에 유의해야 한다.

3) 경상도의 엎어 배기

왼발을 축으로 하여 연풍대를 왼쪽으로 돈다. 첫 박에 오른발을 들어 왼쪽으로 180˚ 돌고 둘째 박에 왼발을 옮기며 왼쪽으로 180˚ 돈다.

■ 자진모리

국악의 판소리, 산조에서 쓰이는 비교적 빠른 12박의 장단이다. 1박을 8분음표로 나타내면 8분의 12박자가 된다. 그러나 일반적으로 3박을 묶어 1박으로 치기 때문에 4박이 한 장단이 된다.

■ 자질굿

호남 우도 풍물굿의 판굿에 쓰이는 쇠가락의 하나이다. 오채질굿에 이어서 잽이들이 왼쪽으로 돌며 치는 가락에서 붙여진 이름이다.

■ 작은 돋움

가장 편안한 자세로 발은 둥글게 한다. 진삼채 가락과 잘 맞는다.

■ 잔발 뛰기

발바치에서 드는 발을 땅에 붙이듯 약간만 들고, 딛는 발도 짧고 낮게 거의 땅에서 떨어질 듯 말 듯 두 번을 뛴다. 디딘 발을 옆으로 옮기면서 반복한다. 발바치걸음을 좀 빨리하면서 발디딤을 낮게 하면 이 동작이 나온다.

■ 잡색

악기를 다루지 않는 치배로서 대포수, 양반, 각시, 할미, 조리중 등 다양한 분장을 하고 악기 치배들과 사람들 사이에서 흥을 돋우는 역할을 하며, 연극을 하기도 한다. 잡색의 중요한 역할 중 하나는 농악대가 진을 칠 때 치배 간의 간격과 각 진을 칠 때마다 치배와 관객들의 사이를 잇거나 늘려 거리를 조절해 준다. 도중 치배의 채가 부러지면 잡색들은 치배에게 예비채를 건네준다. 또한 잡색들은 지친 치배들에게 음식이나 막걸리와 같이 먹고 마실 것을 건네주기도 한다.

■ 잡색놀이

판굿에서 잡색들이 쇠가락에 맞추어 춤도 추고 재담도 하는 놀이를 말한다. 대포수놀음과 조리중놀음이 유명하다.

■ 장구

주로 국악에 쓰이는 타악기의 하나로 허리가 잘록한 장구통의 양쪽에 가죽을 대고 갈고리와 끈 등으로 고정하여 만든다. 장구는 농악, 춤, 소리나 악기 등의 반주에 두루 쓰인다. 장구의 왼쪽은 북편이라 하여 궁채나 손바닥으로 치고, 오른쪽은 열편이라 하여 열채로 쳐서 소리를 낸다. 드물게 왼손잡이의 경우, 특수 제작 주문에 의하여 궁편과 채편의 위치가 바뀔 수도 있다.

■ 장구 끈

설장구를 할 때, 어깨에 멜 수 있도록 장구에 끈을 매어 쓰는 천을 말한다. 장구의 끈으로 쓰이는 천으로는 소창, 광목, 홍단, 색동무늬 천 등 여러 가지 종류가 있다.

■ 장구바닥받침대

장구바닥받침대는 장구를 앉아서 칠 때 장구가 움직이지 않도록 고정시키는 역할을 한다. 장구바닥받침대는 대부분 나무로 깎아 만들며 궁편쪽 용과 채편 쪽 용으로 맞게 각각 만들어져 있다. 즉, 2개가 한 세트이다.

■ 장구받침대

장구받침대는 장구를 서서 치거나 의자에 앉아서 칠 수 있게 하는 장비이다. 북을 올려놓고 칠 수도 있다. 고고장구, 디스코장구, 아랑장구 등에서는 필수장비이며, 장구를 바닥에 앉아서 치기 곤란한 장소에서는 필수적으로 쓰인다.

■ 장단

곡조의 빠르고 느림을 말하지만 단순하게 설명하면 이해가 어렵다. 장단이란 국악에서 장구나 북 등의 타악기로 일정한 리듬을 반복하여 반주나 연주를 하는 형태를 말한다. 다시 말해 박이 모이고 호흡이 합쳐 일정한 틀을 형성한 음악적 단위이다. 장구를 가지고 소리나 악기소리에 맞춰 반주할 때 이를 "장단 친다"라고 말한다. 그러나 농악놀이에서는 "풍물을 친다."라고 말한다.

장단은 쓰이는 음악에 따라서 정악장단과 민속장단으로 나누기도 한다.

장단은 느리고 빠름과 박의 구성에 따라 진양조, 중모리, 중중모리, 엇모리, 휘모리, 세마치, 굿거리 등으로 나누기도 한다. 그 밖에도 상영산 장단, 세령산 장단, 도드리 장단, 취타 장단, 가곡 장단, 가사 장단, 시조 장단, 민속악 장단 등 여러 종류의 장단들이 있다.

장단을 구성하는 중요한 요소로 박자meter, 빠르기tempo, 강약accent, 한 배pattern 등을 들기도 한다.

기록으로 전하는 오래된 것으로 『세종장헌대왕실록(1454)』의 악보나 고려시대 때 『시용향악보』에 장단을 기보하였다. 또한 『고려사(1451)』 「악지」에 거문고·가야금·비파의 삼현三絃과 대금·중금·소금의 삼죽三竹 등 장단을 연주하는 타악기로 박판拍板이 쓰였다는 기록이 있다.

■ 잰걸음

보폭이 짧고 빠른 걸음을 이르는 말로 설장구의 후두둑 등에서 쓰이는 발디딤이다. 비슷한 말로 잔걸음, 종종걸음이 있다.

■ 잽이

농악 편성의 한 배역을 말할 때 쓰이는 말로, 일종의 농악꾼이라는 뜻이다.

■ 쟁반놀이

채편에서 열채를 쥐고 가죽부위를 쟁반 돌리듯 하면서 연주하는 동작이다. 설장구나 사물놀이 등에서 나오는 놀이 동작이다.

■ 전박 후박

4개의 박으로 이루어진 장단의 경우 1, 2박을 전박이라 하고 3, 4박을 후박이라 칭한다.

■ 전치기

농악의 부포놀이에서 물채를 이마 앞쪽의 전두리에 살짝 쳤다가 머리 위로 곧추세우는 기교를 말한다.

■ 접시돌리기

설장구나 사물놀이에서 흔히 쓰는 묘기이다. 궁채를 손가락 사이에 끼우고 돌리는 동작이다. 장구 연주 중에 자연스럽게 동작이 이루어져야 한다. 대개 궁채를 채편으로 넘겨 칠 때 넘어가는 순간을 이용해 이 동작을 한다.

■ 정간보井間譜

정간보는 조선 시대에 세종대왕이 창안한 전통적인 악보체계로 리듬을 기록할 수 있게 만든 표기 방법이다. 정간보는 정간이라는 공간의 조합으로 장단의 길고 짧음을 표시한다. '샘 정井자'처럼 네모 칸을 이용해 시간을 공간화 시킨 것이다. 정간보는 원래 세로쓰기 방식을 원칙으로 하였으나 현대에 와서는 편의상 가로쓰기 방식으로 바꾸어 사용되기도 한다.

■ 정악正樂

정악이란 개념은 아래와 같이 살펴볼 수 있다.

1) 한국의 전통 음악 가운데 아악을 민요나 판소리 같은 민간의 음악과 구분하여 이르는 말이다.

2) 아악 가운데 민간에 계승되어 온 우아하고 고상한 성격의 음악을 궁중 음악에 상대하여 이르는 말이다.

3) 나라에서 의식과 법도에 맞게 연주하는 음악이다.

정악에 대한 용어는 1960년대부터 궁중의 제향악, 연향악, 군악 그리고 민간의 줄풍류, 가곡, 가사, 시조를 총칭하는 말로 쓰였다.

■ 조롱목

장구의 중간부분으로 오목하게 들어간 부분을 일컫는다. 울림통에 공명된 소리를 깊고 멀리 나가게 하는 역할을 한다고 한다. 조롱목의 내부 지름은 성인의 주먹이 들어갈 정도의 크기이다. 조롱목의 명칭 자체를 울림통으로 보는 견해도 있다.

■ 조왕굿

걸립패들이 부뚜막 앞에서 조왕신에게 치는 고사굿을 말한다.

■ 조이개

장구의 조임줄을 조이는 역할을 함으로서 장구 양쪽(북편과 채편) 가죽을 팽팽하게 하는 효과가 있다. 장구음을 조절할 때 사용한다.

■ 조임줄

장구의 양쪽 가죽(북편과 채편)을 갈고리쇠로 걸어서 연결하여 고정하는 역할을 하는 줄이다. 줄은 V자 형태로 연결되며, 여기에 조이개를 끼워, 연주 중 양쪽 가죽의 소리상태를 조절하게 하는 역할을 한다.

■ 좌도농악

풍물굿에서 나누어지는 구분이다. 이에 대한 것으로 우도농악이 있다. 대략 섬진강 줄기를 기준으로 하여 왼편에 위치하여 분포한 좌도는 익산, 전주, 남원, 구례, 곡성, 순천, 여수 등이 있다. 지역을 정확히 나누는 것은 별로 의미가 없다고 본다. 전파 경로나 일부 지역을 주도하는 리더leader에 따라 좌도와 우도가 뒤섞여 있기 때문이다.

좌도 농악의 특징은 "가락과 동작이 빠르고, 남성적이다."라는 평이다.

■ 좌우左右치기

농악의 상모놀이에서 부포나 채를 머리 뒤쪽에서 왼쪽으로 한 번 오른쪽으로 한 번 차례로 번갈아 돌리는 사위를 말한다.

판굿놀이에서, 풍물잽이들이 하나의 큰 원을 지어 안을 보고서서 좌우와 앞뒤의 순서로 세 발씩 옮겨가며 노는 사위이다.

전라도 무당춤에서 지전을 왼쪽으로 왼손과 오른손 차례로 뿌리고, 오른쪽으로 오른손과 왼손 차례로 뿌리는 사위이다.

설장구에서도 좌우로 번갈아 가며 하는 동작을 말한다.

■ 좌우세

상체의 양쪽을 전후좌우로 흔드는 동작이다.

■ 중매구

경상도 지방에서 절의 건립을 위한 헌금을 걷기 위해 승려들이 하는 농악을 말한다. 농악 용어의 하나로, 절일을 보는 농악을 말하기도 한다.

■ 중모리

국악 장단의 하나로 판소리, 산조, 민요 등에 쓰이는 12박 장단이다. 보통 빠르기의 12박으로 대개 1박을 4분음표로 나타내어 12/4 박자로 적는다.

■ 중중모리

중중모리는 흥겨운 대목에 많이 쓰이고 때로는 몸부림치며 통곡하는 대목에도 쓰인다. 중중모리장단으로 부르는 유명한 대목은 〈춘향가〉의 기산영수·자진사랑가·춘향 어머니 나온다·군로사령·어사와 장모, 〈심청가〉의 심봉사 통곡·아기 어르는데·봉사들 춤추는데, 〈흥보가〉의 겨울동자 걸거자·제비 노정기·제비 후리러 나가는데, 〈수궁가〉의 토끼화상·가자 어서가·고고천변 등이 있다.

■ 진법놀이

판굿에서 농악대 잡이들이 열을 지어 여러 가지 도형으로 움직이는 놀이이다. 진법놀이에는 멍석말이, 오방진, 사통배기, 가새진, 당산벌림, 호허굿, 소리굿, 미지기, 을자진, 달이치기, 좌우치기 등 맞추기, 콩동지기, 기와 밟기, 원진 등이 있다.

■ 진쇠

경기도 남부 지방의 무당춤 반주에 쓰이는 장단의 하나이다.

■ 진양조장단

진양 또는 진양조는 판소리와 산조에 쓰이는 가장 느린 장단이다.

6박拍이 한 각刻·脚이 되고 4각이 모여 한 장단(24박)이 된다. 제1각은 미는 소리에, 제2각은 다는 소리에, 제3각은 맺는 소리에, 제4각은 푸는 소리에 치는데, 소리의 맺고 푸는 데에 따라 각의 수효는 넘나든다.

■ 진풀이

진은 군대의 대형을 말한다. 많은 사람이 모여서 다양한 대형을 만들어 노는 모양을 두고 진풀이라 말한다. 진에는 동그란 원진, 태극모양의 태극진, 오방진처럼 말아가는 멍석말이진, 가위 모양의 가새진, 리을자진 등이 있다.

■ 집

장구놀이를 할 때 한 장단만으로는 놀이의 의미가 없다. 그래서 여러 장단을 묶어서 하나의 작품을 이루게 하는 것을 두고 집을 만든다고 한다. 이를테면 암장단과 숫장단을 한 집으로 보는 것이다.

다시 여기에서 여러 집을 묶은 것이 '마루'이다.

다시 여러 마루가 모여서 한 마당을 만드는 것이다.

이를 간단히 정리하면 장단 ⇨ 집 ⇨ 마루 ⇨ 마당 ⇨ 판(놀이)이 되는 것이다.

굿거리 기본은 두 개의 장단을 한 집으로 만든다.

자진모리 기본은 두 개의 장단으로 한 집을 만든다.

양산도(세마치)는 네 장단으로 한 집을 만든다.

■ 집안문굿

걸립패가 집안에 들며 대문에서 치는 굿이다. 농악을 치고 나서 "주인! 주인! 문 여소, 문 안 열면 갈라요" 혹은 "문 여소 문 여소. 수문장군 문 여소" 하고 고사반을 외친다.

■ 짝드름

농악에서 상쇠와 종쇠가 부포를 돌리면서 교대로 넘나드는 춤사위를 말한다.

다른 풀이로 잽이들이 교대로 연주하는 것을 말한다. 호남농악에서 쓰이는 말이다.

■ 짠지패

예전에 여럿이 떼를 지어 소고를 치고 춤을 추며 노래 부르는 것을 업으로 삼던 사람들을 말한다. 경기·충청농악에서 쓰이는 말로 농악꾼이라는 뜻이기도 하다.

■ 쩍쩍이

경기도 풍물굿에 쓰이는 장단의 하나이다.

■ 쪽(소박)

한 박을 다시 잘게 나누었을 때의 최소 단위를 말한다.

■ 채

장구에 있어 채는 열채와 궁채가 있으며 장구장단을 연주할 때 사용한다. 다른 뜻으로는 징의 한 점수로 형성된 장단의 단위를 말한다.

■ 채 바꿈

설장구에서 두 손을 뒤로 하면서 열채와 궁채를 옮겨 잡는 듯한 동작이다. 실제로 채를 바꾸는 것이 아니다.

■ 채상모(채상)

종이로 가늘고 길게 채 모양으로 만든 상모를 채상모라 부른다. 끝에 헝겊으로 만든 긴 채를 단 상모를 말한다.

■ 채상모 놀이(채상놀이)

법고잡이들이 판굿에서 채상모를 이리저리 돌리며 춤추는 놀이이다. 쇠잡이의 부포놀이와 같이 일사, 양사, 사사, 산치기, 돛대세우기 등과 같은 놀이가 있다.

풍물놀이에서 끝에 헝겊으로 만든 긴 채를 단 상모를 쓰고 추는 춤놀이를 말한다.

■ 챗손

농악에서, 꽹과리채를 잡은 손을 이르는 말이다.

■ 추임새

소리꾼이 창을 할 때, 흥을 돋우기 위해 고수가 장단을 치면서 '좋다', '좋지', '얼씨구', '으이', '잘한다' 따위의 소리를 삽입하는 것을 말한다. 장구의 반주나 연주에도 당연히 사용된다.

추임새는 음악의 리듬적인 공백을 메워주는 역할뿐만 아니라 관객도 추임새를 통하여 음악에 참여할 수 있다.

■ 치배

악기를 치거나 분장 등을 하여 농악대에 참여하는 사람을 말한다, 다루는 악기를 앞에 붙여서 말하기도 한다. 예를 들어 장구치배, 북치배 등이다.

■ 치복

치배들의 복장을 말한다. 풍물놀이를 할 때 입는 옷이다. 바지와 저고리에 색색의 조끼, 삼색 띠 등을 두르고 지역에 따라 고깔, 전립, 상모 등을 쓴다.

■ 카슈장구

카슈나무라는 식물에서 기름을 추출해, 그것으로 도료를 만든 것이 바로 카슈이다. 카슈는 광택이 우수하고, 목공 소재에 부착성이 우수하다. 이 도료를 입힌 장구를 '카슈장구'라고 부른다.

■ 콩동지기

등 맞추기와 같이 쌍쌍이 등을 대고 서서 교대로 업었다 놓았다 하는 놀이이다.

■ 큰돋움

오금을 통해 솟구치는 느낌으로 발끝만을 사용하는 것을 말한다.

■ 탈복脫服굿(허치자굿)

전라 우도 농악의 판굿에서 농악대 전원이 농악복을 벗으면서 하는 놀이이다. 판굿의 맨 끝에 구호를 부르며 쇠가락을 치는 놀이이며, 판굿을 끝내고 잠자리에 들기 위하여 옷을 벗는다는 뜻이 있다.

■ 테두름

설장구에 있어 열채의 손잡이 끝부분으로 테 안쪽 가죽 부분을 감는 동작이다.

■ 통돌림

설장구에서 궁채로 궁편을 치면서 채를 돌리는 동작이다.

■ 판

사전적 의미로 일이 일어난 자리를 말한다. 판이란 기본적으로 어떤 행위가 이루지는 공간이라 말할 수 있다. 놀이판이라 할 때 무대만을 의미하는 것이 아니라 객석까지 포함한 개념이며, 당시의 상황과 여건을 포괄하는 광범위한 개념이기도 하다. 판은 매우 한국적인 개념이라 말할 수 있다.

■ 판굿

걸립패나 두레패들이 넓은 마당에서 갖가지 풍물을 갖추고 순서대로 기예를 구성하여 노는 농악놀이를 말한다.

■ 퍼넘기기

상모를 양사로 돌리다가 부포상을 세웠다가 뉘었다 하는 재주이다. 이쪽에 뉘었다가 세웠다가 저쪽에 뉘었는가 하면, 마치 물건을 이쪽에서 저쪽으로 퍼넘기는 것 같다고 해서 퍼넘기기라 한다.

■ 풍물風物놀이(풍물굿)

풍물굿이란 꽹과리, 장구, 북, 징의 네 가지 악기(사물)와 나발, 태평소, 소고 등의 악기 연주와 몸동작으로 행렬을 지어 다채로운 집단적 움직임을 보여주는 것을 말한다.

전통적으로 한국 농촌의 보편적인 놀이였던 풍물굿은 전국적으로 분포하고 있다. 풍물굿은 모내기나 논매기 등의 농사일의 능률을 올리기 위한 농악으로 사용되었을 뿐 아니라, 정초의 지신밟기를 비롯한 세시의례와 명절에 세시놀이에서도 많이 사용되었으며, 무속에서 춤이나 노래의 반주음악으로도 사용되었다.

풍물놀이는 상고上古시대에 전쟁 등에서 사기를 고무하였다는 속전俗傳도 있으나, 대개 농작에 따른 노고를 덜고 생산 작업의 능률을 올린다는 목적에서부터 여흥적 오락으로까지 발전된 것으로 본다. 풍물놀이 혹은 풍물굿의 유래를 말하는 데 농사 안택 축원설, 군악설, 불교 관계설 세 가지 학설을 말하기도 한다.[4]

---

4) 위키백과

■ 풍악

옛날부터 전해 내려오는 우리나라 고유의 음악을 말한다.

■ 풍장

'풍물놀이'를 달리 이르는 말이다.

■ 학걸음

설장구 중에서 나오는 동작이다. 학춤에서 따온 것으로 옆으로 스쳐 걷고, 한 발을 올리는 자세로서 학처럼 보이게 하려는 동작이다.

■ 허궁잡이(자반뒤지기)

연풍대와 같이 좌우로 도는 춤사위로 몸을 공중에 날려 비스듬히 도는 춤사위이다. '공중제비'의 북한어이다.

■ 호남농악

호남농악(전라도농악)에는 동서로 나뉘어 크게 좌도농악과 우도농악이 있다. 좌도농악은 전라도 북동부 내륙 산간지대를 중심으로 전승하는 농악을 말하며, 우도농악은 서부 평야지대 및 일부 해안지대 일대 농악을 말한다.

농악은 안녕安寧과 풍요를 기원하는 제례적 기능과 더불어 노동의 능률을 올리고 공동체 화합을 위한 놀이 등 다양한 목적과 기능으로 존재하였다.

현재는 전통적인 문화 행사에서 전문 연예농악으로 변천하는 경향으로 나타나고 있다.

호남우도농악은 1900년대 초반까지 김도삼, 김바우, 최화집 등의 상쇠가 각자의 활동지역을 중심으로 활동하였다. 김도삼의 계보는 정읍과 김제지역을 중심으로, 김바우 계보는 부안지역을 중심으로, 최화집 계보 농악은 전북의 고창, 전남의 영광·광주 등을 중심으로 이어졌다.[5]

호남농악의 무형문화재 지정현황은 다음과 같다.

이리농악 : 국가무형문화재(1985)

임실필봉농악 : 국가무형문화재(1988)

구례잔수농악 : 국가무형문화재(2010)

남원농악 : 국가무형문화재(2019)

광산농악 : 광주광역시 무형문화재(1992)

화순한천농악 : 전라남도 무형문화재(1979)

우도농악 : 전라남도 무형문화재(1987)

부안농악 : 전북특별자치도 무형문화재(1987)

김제농악 : 전북특별자치도 무형문화재(1996)

정읍농악 : 전북특별자치도 무형문화재(1996)

고창농악 : 전북특별자치도 무형문화재(2000)

곡성죽동농악 : 전라남도 무형문화재(2002)

익산성당포구농악 : 전북특별자치도 무형문화재(2019)

진안 중평농악 : 전북특별자치도 무형문화재(2020)

호남여성농악-포장걸립 : 전라남도 무형문화재(2022)

---

5) 국악사전

농악 : 유네스코 인류무형유산(2014)

호남농악은 쇠와 소고치배 일부가 상모 혹은 전립을 쓰기도 하지만 대부분 고깔을 착용한다.

■ 호도래기
호남농악에서 쓰는 용어로써 장구를 빠른 가락으로 치는 것을 말한다.

■ 호적胡笛
'태평소'를 달리 이르는 말이다. 경상도에서는 각기목이란 말로 쓰이기도 한다. '날라리' 또는 '어산' 이라고도 한다.

■ 호호굿
판굿에서 쇠가락 사이에 한 박자를 쉬며 '호호'하고 구호를 외치는 놀이이다. 호호굿에는 호호굿초두, 호호굿, 자진호호굿 등이 있다.

■ 호흡
장단을 구성하는 중간 단위를 말한다. 보통 작은 한배와 일치 한다.

■ 홑박

농악에서 원박原拍 치기를 말한다.

■ 화복花服

무당들의 은어로 굿할 때 입는 옷을 이르는 말이다.

■ 후두둑

후두둑에 관한 뜻풀이는 다음과 같이 여러 가지로 볼 수 있다.

1) 깨나 콩 따위를 볶을 때 크게 튀는 소리이다. 규범 표기는 '후드득'이다.

2) 나뭇가지나 검불 따위가 불똥을 튀기며 빠르게 타들어 가는 소리 또는 그 모양을 말한다.

3) 굵은 빗방울 따위가 갑자기 빠르게 떨어지는 소리 또는 그 모양을 말한다.

4) 심장이 몹시 빠르게 뛰거나 마음이 매우 떨리는 모양을 말한다.

5) 새가 날개를 몹시 빠르게 치며 갑자기 날아가는 소리 또는 그 모양을 말한다.

6) 멀리서 총포나 딱총 따위가 매우 부산하게 터지는 소리를 말한다. 규범 표기는 '후드득'이다.

7) 몹시 경망스럽게 계속 방정을 떠는 모양을 이르는 말이다.

후두둑 연주소리를 미루어 볼 때 위 내용 중에 그 뜻이 있어 보인다. '궁'과 '따'로 소박을 만들어 궁편과 채편을 오가며 반복적으로 일정 횟수를 치는 타법이다. 연주소리를 들으면 마치 소나기가 갑자기 후드득 쏟아지는 것처럼 들린다. 이때 가락의 완급이나 장단의 길이, 강약의 조절 등은 연주자의 기량이나 재량에 따른다.

■ 휘모리

휘모리는 이름에서도 알 수 있듯이 회오리바람처럼 매우 빠르게 휘몰아치는 장단이다. 첫 박은 덩을 크게 치고, 제3박 후반을 채로 강하게 친다. 4/4박자나 12/8박자로 적는다. 4박 8쪽 장단이며 판소리·산조에서 쓰이는 가장 빠른 장단이다. 풍물굿에서는 이채 또는 두마치라고 한다.

■ 흔들치기
상모를 이리저리 흔들어 돌리는 재주를 말한다.

■ 흘림당산堂山굿
간단하게 약식으로 벌이는 농악을 말한다.

■ 흘림당산堂山굿놀음
농악의 장구놀이에서 소고재비가 소고를 약식으로 간단히 치는 과정을 말한다.

제6절 장구 고르는 법

장구를 구매할 때에는 장구에 대해 아시는 분과 동행하시기를 권한다. 장구 크기가 자신에게 맞지 않으면 치는 데 불편을 느낄 뿐 아니라 장구를 메었을 때 어색하게 보이므로 폼이 나지 않는 것은 당연하다.

장구는 자신의 체구에 맞아야 한다. 아래 표는 대충 신장에 맞는 장구의 크기이다. 본 표의 적용이 절대적이지는 않다. 사람마다 신체 특이점이 있기 때문이다. 이를테면 팔이 길다든지, 허리가 길다든지, 비만체구라든지 등 여러 가지 조건에 따라 표준에서 벗어날 수 있다. 장구를 직접 메고 움직여 보는 것이 가장 확실한 방법이다. 아무 장구나 구매했다가 맞지 않아 다시 구입하는 사례가 허다하다.

■ 신장과 장구 치수

장구통의 통의 크기는 1자(유아용)에서부터 1자 9치(반주용)에 이르기까지 다양한 사이즈가 있다. 풍물용 장구로는 1자 7치를 평균 크기로 보면 된다.

1. 장구통

가. 통의 균형

장구통이 원형을 이루어야 한다. 유관으로 보아서 일그러진 곳이 보이면 피해야 한다.

키(㎝)	140	150	160	170	180
장구통(치수)	1.6	1.6~1.7	1.7	1.7~1.8	1.8

나. 통의 나뭇결

통의 나뭇결을 볼 때 나뭇결이 많고 선명한 것이 좋다.

다. 통의 색깔

장구통 색이 너무 진하면 장구 치는 사람까지 어두워 보일 수 있다. 개인의 개성에 맞는 자연스러운 색을 선택하는 것이 좋다.

라. 통의 무게

장구는 대체로 메고 치는 경우가 많다. 그래서 장구가 너무 무거우면 메고 칠 때 힘들 수 있다. 무겁다 생각되면 피하는 것이 좋다. 반면에 너무 가벼우면 통이 얇다는 것이므로 파손의 우려가 있다.

2. 장구 가죽

장구 가죽은 여러 짐승의 가죽을 사용할 수 있지만, 가장 값싸고 흔한 것이 소가죽이고 대체로 비싸게 받는 것이 개가죽이다.

가죽은 풍물연주에 맞는 것과 소리반주에 맞는 것 등 그 용도에 따라 가죽의 용도가 달라진다.

장구 가죽을 구매할 때는 반드시 그 용도를 말해주어야 한다.

궁편 가죽은 두껍고 낮은 음이 나야 한다. 반대로 채편은 얇고 높은 음이 나야 한다.

장구 가죽 상태를 보려면 장구에 대해 잘 아는 사람과 같이 가야 한다. 현장에서 장구를 쳐보거나 유관으로 살펴보면서 판단해 보아야 한다.

■ 유관으로 판단하는 나쁜 가죽

가. 가죽을 만져봐서 두께가 고르지 않은 것이다.

나. 가죽의 색깔이 2가지 이상으로 되어 있는 경우이다.

다. 가죽 복판 부분에 꿰맨 상태가 보일 경우이다.

라. 장구 가죽은 고정하는 원철(테 부분)에 꿰매어 만든다. 이때 가죽의 꿰맨 상태를 봤을 때, 꿰맨 부분의 끝이 여유가 없는 때이다. 늘어나거나 찢어지는 등의 원인이 될 수 있다. 원철 부분 가죽의 박음질 상태가 안 좋아 결국 가죽이 찢어지거나 터지는 경우를 보았다.

마. 가죽에 흠이 발견된 때이다.

바. 궁편과 채편 용도의 가죽이 제소리가 나지 않을 때이다.

제2장

타(연주)법

제2장 타(연주)법

조선시대에는 장구 연주를 위한 기보 체계가 고안되었다. 『악학궤범』에는 장구를 칠 때 채와 손을 이용해 연주하는 방법이 다음과 같이 제시되어 있다. 양손을 동시에 치는 것은 쌍雙, 오른손 채로 치는 것은 편鞭, 왼손으로 북편을 치는 것은 고鼓, 채로 채편을 굴리는 것은 요謠이다. 아울러 『금합자보』를 비롯한 여러 고악보에는 장구의 주법을 '덩', '더', '쿵', '더러러'와 같은 구음 표기들이 장구 주법 부호화 함께 기보 되었다.[6]

1. 연주전 조이개 조절

연주전에는 반드시 조이개 상태를 확인해 보아야 한다.

원칙적으로 장구를 사용할 때는 조이개를 조이고, 연주가 끝나면 조이개를 풀어 놓는다.

조이개의 조임 상태에 따라 장구 소리가 달라진다. 따라서 장구소리를 들어보면서 조이개를 조정해 보아야 한다.

2. 타법 자세

---

6) 한국민족문학대백과사전

가. 앉은 자세

앉은 자세로는 먼저 양반다리를 취한다. 다음으로 오른 편 채편의 테가 자신 몸의 중심부에 오도록 장구를 위치하게 한다. 궁편쪽(왼쪽) 다리의 무릎을 줄과 줄 사이에 끼워 장구를 고정시키며, 채편 쪽 발을 채편 쪽 밖으로 빼어 발바닥으로 채편의 변죽을 받쳐 장구를 밀리지 않도록 고정시킨다.

앉은 자세를 취하는 법은 자신에 맞게 다른 방법을 취할 수도 있다.

지금은 장구 바닥 받침대를 사용하여 편리하게 장구를 고정하는 방법도 있다. 앉은 자세는 사물놀이나 소리반주 등에 많이 쓰이는 자세이다.

이런 자세는 연주 중 장구가 움직이는 것을 막기 위한 것이다.

이때 열채를 잡은 손은 오른 쪽 무릎 안쪽으로 위치하도록 한다. 열채는 채편 복판 중심부를 의식하며 치도록 한다.

또한 북편은 왼팔을 자연스럽게 뻗은 상태에서 북편 중앙을 의식하며 치도록 한다. 궁채는 시계추가 종을 때리듯 가볍게 쥐고 치며, 순간 타법에 의한 기법을 이용하여야 한다. 궁채를 꼭 쥐고 힘을 주어 때리면 소리가 둔탁해지고, 순간적인 연속타법을 어렵게 만든다. 또한 보기에도 어색해 보이는 자세가 된다. 장구가 숙달되면 약간 힘을 주어도 적응할 수 있는 타법이 이루어진다. 사물장구 등을 연주할 때는 야외의 경우가 많으므로 힘 있게 칠 필요가 있다.

궁채를 넘겨 칠 때는 팔의 동작이나 몸의 움직임, 머리의 움직임이 조화를 이루면 구경하는 관객들에게 좋은 공연모습을 보여 줄 수 있다.

장구를 연주하면서 몸동작을 잘 이용하면, 전체 호흡을 통일하는 효과를 가져올 수 있으며, 이로 인해 장단의 통일을 기할 수 있고, 힘의 안배를 통해 쉽게 지치지 않고, 장구를 편하게 장시간 연주할 수 있는 등의 효과를 가져올 수 있다.

단체의 경우, 몸동작 방법을 사전에 약속으로 만들어 연습하면 된다.

나. 장구 받침대 연주자세

요즘은 장구장단을 연습할 때도 장구 받침대를 많이 사용한다. 허리와 다리가 불편하거나 바닥에 앉아서 칠 환경이 아닐 경우가 대부분이다.

고고장구나 공연 상황에서도 장구받침대를 사용한다.

우선 장구 받침대의 규격은 자신의 신체 조건에 맞춰야 한다. 너무 낮거나 너무 높으면 안 된다.

장구 받침대와 몸과의 간격이 활발하게 움직이며 칠 수 있도록 거리를 조정한다. 다른 자세 부분은 앉은 자세부분을 참고하면 된다.

다. 메고 치는 자세

장구를 메고 치는 경우에는 풍물장구나 설장구, 춤장구 등이 있다. 장구 메는 법은 지역이나 개인 특성에 따라 다를 수 있다.

장구는 메었을 때 장구가 되도록 몸 옆쪽으로 메어져야 한다. 장구를 몸 앞으로 메면 움직임에 있어 불편을 준다. 보기에도 어색해 보일 것이다.

장구는 몸에 단단히 고정하여야 움직이면서 연주할 때 불편을 주지 않는다.

3. 궁채와 열채 잡는 법과 타법

궁채나 열채를 칠 때는 힘을 주어 밀어치지 말고, 뿌려 치거나 낚아 치듯 재빠르게 쳐야 한다. 스피드와 탄력을 최대한 이용하여야 한다.

채의 타법은 지도하는 선생님의 지시에 따라 충실하게 연습하여야 한다. 혼자 연습하기에는 어려움이 많으므로 같은 동호인들의 도움을 받아야 빠르게 익힐 수 있다.

좋은 소리를 내는 장구의 타법도 결국 자신과의 싸움이라 본다. 지도하는 선생님이 아무리 잘 가르친다 하더라도 자신이 이해하고 습득하지 못하면 아무 소용이 없다. 장구의 타법도 부단한 노력 밖에 달리 방법이 없다.

처음 배울 때는 가르치는 선생님의 방법을 그대로 따르도록 강요하지만, 장구 이력이 생기거나, 연습 중에 독특한 방법을 터득하였다면 그것을 자기의 것으로 활용할 수 있다. 이는 스승을 넘어서는 청출어람靑出於藍[7]의 능력이요, 독창성의 경지에 이른 것이라 할 수 있다.

타법에는 가르치는 사람마다 조금씩 다르기 때문에 너무 자세하게 기술하지 않겠다. 배우면서 자신만의 타법을 터득하여 만들어가

---

7) 청출어람이란 쪽에서 뽑아낸 푸른 물감이 쪽보다 더 푸르다는 뜻으로, 제자가 스승보다 나음을 비유적으로 이르는 말이다.

는 것이 중요하다.

가. 궁채

궁채(궁굴채)의 손잡이를 왼손의 엄지와 검지 사이에 끼워 잡는다. 다시 약지와 새끼손가락(소지) 사이에 받쳐주는 형식으로 가볍게 끼운다.

궁채는 위와 아래로 이동하되 팔목이 접히면 아니 된다. 'ㄴ'자 팔형태가 가장 바람직한 자세이다. 모든 타악기 연주에 있어서 마찬가지이지만, 어깨 힘으로만 치려고 하지 말고 스냅을 최대한 이용하여야 한다.

크게 칠 때는 궁채를 높이 들어 친다. 약하게 칠수록 쳐들지 않고 그대로 가볍게 친다. 즉, 여러 번 반복되는 가벼운 타법은 손목과 손가락을 이용하고, 대박을 칠 때에는 동작을 크게 하고 어깨, 팔꿈치, 손목, 손가락 등을 고루 사용하여야 한다.

궁채를 칠 때는 가죽 양면 복판의 중앙에 맞도록 궁체의 길이를 가늠해 보아야 한다. 너무 길어도 안 되고, 너무 짧아도 안 된다. 장구의 규격과 자신의 신체 조건에 따라 채의 규격도 맞는 것으로 골라야 한다. 일반적인 궁채의 길이는 약 31㎝ 정도이다.

판소리(민요나 가야금, 대금 등) 반주 등의 연주 시에는 손바닥이 궁채 역할을 하는 데, 이때 엄지손가락을 변죽부분에 고정하고 나머지 손가락과 손바닥으로 궁편을 치면 된다. 숙달된 고수들은 이 원칙을 벗어나 모양을 내서 자유자재로 손바닥 반주를 한다.

풍물장구(설장구, 사물장구 등)를 연주할 때는 왼손에 궁채를 쥐고 북편의 복판을 친다. 때로는 왼손을 오른쪽으로 넘겨 채편을 치기도 한다.

궁채를 천천히 크게 칠 때는 높이 들면서 어깨 등 온 몸을 사용할 수 있다. 그러나 가락이 빨라지면 궁채 잡은 손을 장구의 테에 붙이듯 하고 손목이나 손가락을 이용하여 가볍게 쳐야 한다. 이때 어깨나 몸에 힘이 들어가면 속도 내는 데 불편을 초래할 수 있다.

나. 열채

열채는 오른손 엄지의 첫 번째 마디와 검지의 두 번째 마디 사이에 열채의 손잡이를 넣어 나머지 손가락과 함께 가볍게 쥐는 형식으로 잡는다.

열채는 장구 연주에 있어 가장 많이 쓰이고, 스피드를 요하기 때문에 너무 꽉 쥐면 연주할 때 불편할 수 있다. 연주 가락이나 판 상황에 따라 달리 쥐는 경우도 있다.

열채를 전체 손가락으로 움켜쥐듯 잡는 방법도 있다. 이때 장점은 소리를 강하게 칠 수 있으며 겹가락 연주에 편할 수 있다. 반면에 막 잡음으로 인하여 채 놀림이 불편하고 춤 동작이 덜 예뻐 보일 수 있다.

열채의 2/3지점까지 채편에 닿도록 자세를 조정한다. 즉, 열채 1/3은 열편의 장구테두리 밖에 위치하는 것이다. 이때 열채가 장구의 통굴레(가죽과 울음통이 닿아 굴곡이 되는 부분)에 먼저 닿아 복판을 쳐야 맑은 소리가 난다. 즉 열채의 탄력을 이용한 타법이다.

열채는 대나무로 만들어졌기 때문에 대나무 안쪽(속쪽)부분이 가죽 복판을 때려야 한다. 즉 대나무의 겉 부분(매끈한 부분)이 바깥쪽으로 향하게 된다. 열채의 길이는 30~40㎝로 두께는 0.2~0.3㎝이다. 열채 손잡이는 넓게 해서 잡기 좋게 하며, 열채 끝부분으로 갈수록 가늘다. 일반적으로 대나무 마디가 열채 끝부분에 오게 하면서 약간 뭉툭하게 만든다.

열채를 칠 때는 오른팔은 곧게 펴는 것이 연주에 편하고 보기에도 좋다.

열채의 끝이 복판의 가운데에 위치하며 맞도록 하여야 한다.

판소리 등의 장단을 칠 때는 복판을 치지 않고 변죽을 친다. 이는 좁은 공간에서 하는 악기반주나 소리반주 시에 장구소리가 크면 곤란할 수 있기 때문이다. 그러나 장단 소리를 크게 하여야 할 경우(단체로 소리를 할 때 등)에는 복판을 친다.

열채를 칠 때는 속목 꺾임을 이용하기도 하지만 팔과 어깨 등 다양한 신체부위를 사용할 수 있다.

4. 장구 놓는 방법

우리가 처음 장구를 대하다 보면 엉터리 같은 실수를 한다. 열채와 궁채 자리를 거꾸로 해놓고 치는 경우이다.

장구에 대한 초보자 수업에서는 이 내용을 반드시 숙지시키고 지나가야 한다.

장구의 조이개로 그 위치를 판단하게 해야 한다. 물론 소리로도 가늠할 수 있지만 초보자는 그렇지 못할 수가 있다. 장구를 몸 앞에 위치할 때, 조이개가 조여 가는 쪽이 열채편이다. 일반적으로 조이개로 기준을 삼는 것이 정확하다고 본다.

5. 나쁜 자세

장구를 연습하면서 처음이나 지금이나 계속 지적을 받는 부분들이 있다. 당연히 후배들에게도 그런 모습이 비춰지면서 지적하곤 한다. 이렇게 자주 지적 받는 부분들을 정리해 보았다.

1) 열채나 궁채를 보아가면서 치는 버릇이다. 어깨가 기울어지거나 자세가 보기 싫고 불편하게 보인다.

2) 열채를 채편에 제대로 붙이지 않는 경우이다. 장구소리가 안 좋고, 열채가 산만하게 움직인다. 또한 자세가 부자연스러워서 보기에도 싫다.

3) 열채를 칠 때 팔을 펴지 않고 치는 경우이다. 연주하는데 불편을 초래하며, 우선 보기에도 싫다.

4) 열채와 궁채가 같은 방향(옆으로)으로 움직이는 경우이다. 열채는 옆으로(가로로), 궁채는 위에서 아래로(세로로) 쳐야 효율적이고 보기에도 좋다.

5) 몸을 움직이지 않고 무표정하게 치는 경우이다. 장단 연주는 몸동작으로 흥도 담고 표정관리도 해야 보는 사람으로 하여금 흥

을 유발할 수 있다. 몸동작을 가볍게 사용하여야 좋은 연주도 할 수 있다.

6) 궁채나 열채를 너무 꽉 쥐는 경우이다. 연주에 불편을 가져오기도 하지만 보는 이로 하여금 답답해 보일 수 있다. 특히 궁채를 칠 때 손목이 꺾이지 않도록 부드럽게 잡아야 한다. 장구의 달인이 될수록 어깨와 팔의 힘을 빼며, 채를 잡은 손도 가볍고 부드럽게 움직인다.

7) 궁채 쥔 팔을 겨드랑이에 붙이지 않아야 한다. 열채도 마찬가지이다. 연주에 불편을 주고 보기에도 좋지 않다. 움츠리는 자세가 되어 정말 어설퍼 보인다.

8) 궁채 넘기기에서 열편 복판을 칠 경우, 힘을 주면 궁채 넘김이 불편해진다. 보기에도 답답해 보이고 장단도 잘되지 않는다. 나름 가볍게 치고 넘기는 방법을 연구하여야 하며, 연습과정에서 많은 시행착오를 겪어야 한다.

9) 설장구에서 오금은 매우 중요하다. 오금이 설장구의 생명이라고 강조해도 지나침이 아닐 것이라고 본다.

10) 장단의 안배와 몸동작이 따로 노는 경우이다. 장단이 제대로 될 리 만무하며 봐줄 수가 없다.

11) 팔에 힘을 주어 장단을 크게만 치려는 사람이 있다. 자칫 시끄럽게 들리면서 가락의 효과를 느낄 수가 없다. 장단에는 굴곡이 있어야 한다. 소리를 크게 칠 곳과 작게 칠 곳을 잘 알아야 멋있고 맛있는 장단이 될 수 있다.

12) 동작 연습에서 전신거울을 꺼려하는 경우이다. 거울을 활용해야 자신의 동작을 잘 다듬을 수 있다. 연습 중 자꾸 지적받는 부분이기도 하다. 나 자신도 이상하게 거울을 회피하는 경향이 있다.

6. 장단의 표현(연주 부호)

장단의 표시는 정해진 것이 아니라 대개의 경우 상황에 따라 달리 표기할 수 있다. 구음(입장단)도 마찬가지다. 따라서 여기에 표기된 부호도 여기에서만 사용될 뿐이라는 것을 알아야 할 것이다. 괄호 안( )은 구음을 표시한 것이다. 이 책에서 나오는 장단을 이해하려면 먼저 연주부호를 이해해야 할 것이다.

1) ○ (궁) 궁채로 궁편을 치는 것이다. 속도가 느린 장단일 경우에는 궁채를 충분히 들어 올려 칠 수 있지만, 빠른 장단의 경우에는 들어 올리지 않고 친다.

2) | (따) 열채로 채편을 치는 것이다. 소리를 크게 하려 하면 충분히 벌려서 치고, 빠른 장단인 경우에는 너무 벌리지 않고 가볍게 친다. 열채의 열편 타격 각도는 대각선 30도, 가죽과 채 사이는 15

도 정도의 각도를 가져야 한다. 그러나 치는 자세에 따라 이는 달라질 수 있다.

소리장단에서는 '덕' 또는 '떠'로 읽기도 한다.

3) ⊕ (덩) 궁채(궁편)와 열채(열편)를 동시에 친다. 소리장단 등에서는 '합'으로도 읽는다. 오른쪽 열채는 옆으로 충분히 벌리고 왼쪽 궁채는 왼손을 충분히 들어 올려 내리면서 동시에 친다. 파열음을 줄이기 위해 열채를 약간 빠르게 먼저 치면서 궁채를 순간 이어치는 방법으로 한다. 속도가 빠른 장단인 경우에는 궁채를 들어 올리거나 열채를 너무 벌리지 않고 칠 수 있다.

4) ◗ (덩) 채편에서 궁채와 열채를 동시에 친다. 넘겨 치는 덩이다. 풍물놀이 장단에서 흔히 나온다.

5) ● (궁) 궁채를 넘겨 채편에 치는 것이다. 넘겨 치는 궁은 궁편을 때린 후 재빠르게 탄력을 이용해 최대한 장구의 몸체에 가깝게 하여 이동하면서 열편을 친다. 이때 손목과 손가락의 힘을 이용해야 하며, 열편에서 궁편으로 이동할 때도 마찬가지 방법으로 한다. 풍물놀이나 고고장구에서 흔히 쓰인다.

6) · (더) 열채 끝으로 살짝 튕기듯이 친다.

7) ㅇ (구) 궁을 살짝 치는 것이다. 대개 궁의 앞에서 꾸밈음으로 많이 쓰인다.

8) i (기덕) 채편의 '따'를 겹쳐 치는 기법으로 장구에서 흔히 쓰인다. 장단반주를 멋있게 하는 기법이다. 이완상태의 근육을 순간적으로 긴장시켜야 하므로 많은 연습이 필요하다.

9) ◎ (구궁) 소리반주 등에서 흔히 쓰이는 기법이다. 궁을 겹쳐 치는 기법으로 '기덕'의 기법과 비슷하다.

10) ⊗ (잡고) 소리나 국악기반주 등에서 박 대신 손으로 짚고 넘어가는 것을 말한다. 풍물장구의 '웃'이나 비슷하다.

11) ⊖ (각) 소리 반주 등에서 많이 사용된다. 좌·우 양손을 같이 치되, 오른손이나 왼손을 동시에 잡고 치는 것이다. 탄력적인 울림소리가 생기지 않게 궁편이나 열편의 소리를 잡아버리는 것이다. 즉 열채 소리가 "딱"하고 둔탁하게 잡아주는 소리가 난다. 박의 막음소리이다. 소리 북의 "척"과 같은 역할이라 할 수 있다.

12) i (드르덕) 소리반주에서 많이 쓰이는 박이다. '기덕'의 응용박으로 '기기덕'처럼 친다.

13) •… (더러러러) 열채 끝으로 채편을 튕기듯 굴러서 날려 친다. 해당박자 안에서 채끝을 서너 번 치되 첫 번째는 크게 나머지는 점차 작게 치는 방법으로 연습한다.

7. 기초 타법

가. 연타

"궁궁"이나 "궁궁궁" 또는 "따따"나 "따따따" 같은 음을 연속해서 치는 경우이다. 최단거리에서 빠른 동작이 요구된다. 쉬운 것 같지만 어렵고, 의외로 고급가락에 응용될 수 있다. 일정한 간격으로 흐트러짐 없이 치는 연습이 필요하다.

궁과 따를 이용해 여러 가지 가락으로 만들어 연타기법을 활용하기도 한다.

나. 겹쳐 치기

궁편에 있어 "구궁"이며, 앞의 "구"는 약하게, 뒤에 "궁"은 강하게 나도록 친다. 이를 잘 구사하면 굴러가는 듯이 좋은 소리가 된다. 고급가락을 치려면 이 기법을 잘 연습하여 활용하여야 한다.

열채에 있어서는 "다따"이며 앞부분의 "다"는 붙이듯 가볍게 치고 뒷부분의 "따"는 스피드를 주어 강하게 때린다. 이를 기덕이라 구음한다. 장구연주에서 고급가락 연주에 필수적으로 쓰인다. 기덕은 "따"대신에 사용하는 꾸밈음이라 보면 된다.

겹 가락 연주법은 자세한 설명보다 실제로 연습을 통해 몸으로 습득하여야 한다.

다. 채 굴림

구음(입장단)은 "더러러러"이다. 열채 끝을 털듯이 굴려서 내는 소리이다. 첫 번째는 좀 크게 치고 나머지는 탄력을 이용해 작게 친다. 이 연주법도 자세한 설명보다는 실제연습을 통해 몸으로 익혀야 한다.

라. 합장단

입장단(구음)은 "덩"이다. 이는 궁채와 열채를 동시에 치는 경우이다. 그러나 "덩"하고 쳤다고 해서 채와 궁을 동시에 치면 안 된다. 채편의 열채를 살짝 먼저 치고 궁편의 궁채를 재빠르게 따라 친다. 이는 소리의 부딪침에서 나오는 파열음을 줄이기 위한 기법의 하나이다. 평상시 습관처럼 염두에 두고 연주하여야 한다.

마. 양장구(궁채 넘기기)

궁채를 궁편만 치는 것이 아니고, 궁편과 채편을 오가며 치는 기법이다. 이때 넘겨 치는 궁은 장구의 몸체에서 최대한 가깝게 움직여야 한다. 궁채 연속 넘기기에서 타법은 궁채가 궁편이나 채편을 강하게 때린 다기 보다는 가볍게 친다는 기분으로 쳐야 한다. 궁채를 강하게 때리면 넘겨 치는 속도에 불편을 준다. 다만, 일반 풍물가락 연주에 있어서는 넘기기 궁채를 강하게 때릴 수 있다.

궁채 넘기기도 풍물장구나 설장구 등에서 많이 쓰이므로 많은 연습이 필요하다. 고고장구에서는 필수적으로 쓰인다.

궁채넘기기(후두둑)만 잘해도 관중으로부터 박수를 받을 수 있는 고급기법의 하나다.

바. 털기

털기는 풍물놀이에서 흔히 쓰인다. 판의 시작이나 끝에서 궁채나 열채를 동시에 털어 치는 타법이다. 구음은 "덩덩덩더러러러"이며 일정한 길이가 없고 상쇠의 꽹과리 소리에 눈치껏 따라 쳐야 한다. 처음은 강하게 치고 점차 털면서 약하게 치면서 판을 마무리한다. 설장구 등에서도 흔히 쓰인다. 털기 기법도 많이 연습해 두어야 한다.

8. 연습 방법

1) 먼저 장단의 이해가 중요하다. 이해가 어려운 경우, 가르치는 선생님이나 주변 동호인들에게 물어보아야 한다. 틀린 장단이나 잘못된 장단을 익히는 것은 헛수고에 불과하다.

2) 장단을 많이 습득하려는 욕심보다, 조금씩 완전하게 익히는 것이 중요하다. 시간을 두고 점차적으로 실력을 쌓아보자.

3) 장단은 머리로 암기하는 것도 중요하지만 몸이 적응하지 못하여 장단이 틀려버리면 아무 효과가 없다. 오래도록 몸으로 익히기 위해서는 연습밖에 없다.

4) 장단을 오랜 기간 연습하지 않으면 잊어버릴 수 있다. 날마다 조금씩이라도 시간을 내서 반복 연습하는 것이 능숙하고 멋들어진 프로가 되는 길이다.

5) 많은 사람들의 연주 장면을 보면서 배울 것이 있는지 관찰하고 평가하여야 할 것이다. 창작은 모방에서 나온다. 요새는 유튜브 활성화 시대라 언제든 시간이 날 때마다 검색과 관람이 용이하다.

6) 구음(입장단)을 통해 기억력을 높이는 방법도 있다. 입장단을 제대로 활용하면 장구가 없어도 수시로 암기 연습이 가능하다.

7) 평상시 몸동작을 익히는 게 좋다. 꼭 장구를 메고 하기 보다는 입장단에 맞춰 몸동작을 연습하면 좋은 효과를 기대할 수 있다. 이 또한 시간의 제약을 받지 않고 틈나는 대로 연습할 수 있는 이점도 있다.

8) 혼자 연습하는 것보다 단체로 연습하면 시너지synergy효과를 얻어 더 열심히 연습할 수 있다. 도서관에서 공부하면 학습효과가 더 높아지는 경우와 같다.

9) 진도보다는 기본에 충실하여야 한다.

10) 연습하면서 미숙한 상대방을 놀리거나 비난해서는 안 된다. 스트레스의 요인으로 작용할 수 있다. 잘못된 점이 보이면 상대방

이 최대한 기분 나쁘지 않게 알려주어야 한다. 되도록 지도하는 사람에게 지도를 받도록 하는 것이 좋다. 지나친 간섭은 상대방의 감정을 상하게 할 수 있다.

11) 설장구는 직접 메고 가락과 동작 연습을 하는 것이 좋다. 가락을 연습한다고 앉아서 하거나 장구를 없이 몸동작을 하면 나중에 설장구 연습을 할 때 많은 어려움을 겪는다. 장구를 메고 칠 때와 앉아서 칠 때는 다르다. 설장구는 움직이면서 치기 때문에 고정된 자세에서의 타법과 다소 다를 수 있기 때문이다. 몸동작도 마찬가지로 장구를 습관처럼 메고 하여야 한다. 설장구를 배우려면 장구를 습관처럼 메는 것이 일상화되어야 한다. 장구에 대해 몸이 적응하도록 하는 것이 필요하기 때문이다. 농악행사기간 중에 일부러 선반장구를 하면 많은 도움이 될 것이다. 설장구를 잘하려면 먼저 장구를 메고 있는 것에 대해 자연스럽고 익숙해져 있어야 한다.

결론적으로 장구와 한 몸이 되어 있어야 훌륭한 설장구 연주를 할 수 있다.

제3장

기본 장단

제3장 기본 장단

제1절 장단의 원리

모든 장단이 그렇듯 장구가락에는 음양의 조화가 있고 강약이 있다. 가락의 짜임 속에는 봄, 여름, 가을, 겨울 사계절이 있다. 봄은 생동, 여름은 성장, 가을은 충만, 겨울은 쉼이 있듯이 가락에도 4박자가 있는 것이다. 또한 장단의 모으고, 풀고, 맺고, 버리는 집해결탈集解結脫이 있다. 이런 요소들의 절묘한 어우러짐이 사람들의 마음을 움직여서 감동과 즐거움을 주는 것이다.

장구 구음에서 따(|)는 하늘과 양을 의미하고, 궁(○)은 땅과 음을 의미하며, 덩(①)은 사람과 합, 통일을 의미한다. 이는 우리 민족의 전통 삼신사상에 의한 것으로 천지인, 음양합을 의미한다.

한 호흡 중에 리듬과 강약이 변화되면서 여러 가락이 생성되는데 이를 한 장단이라 하며, 리듬의 흐름과 빠르기에 따라 장단의 이름이 붙여진 것이다.

예를 들어 진양조장단을 보면 '느리다, 길다'의 이미지에서 이름이 붙여진 것이라 볼 수 있다.

장단은 한 배(한 장단, 한 마디) 안에서 일정한 규칙과 파격의 혼재로 이루어져 있다. 소삼대삼小三大三이라 든지, 내고 달고 맺고 푼다는 집해결탈集解結脫의 원리, 음양의 조화, 긴장과 이완의 원리가 있다.

파격의 표현 방법으로는 박을 당기고 늘이기도 하고, 늦게 치거나 한 박을 빼고 엇박 처리하기도 하며, 재빠르게 겹으로 박을 처리하기도 한다.

장단과 판 내에서 첫머리 가락인 머리가락, 가락에 살을 붙이고 전개되면서 멋을 부리는 등 그 장단의 특색을 표현해 주는 몸가락, 가락을 맺어 다음 가락이나 다음 판으로 이어가기 위한 매듭가락인 꼬리가락이 있다.

가락의 발전 형식으로는 일반적으로 단순에서 복합, 다시 단순으로 가며, 그것이 가속적으로 이루어진다.

가락은 반복적이며 몇 가지 리듬의 조합, 순회로 볼 수 있다. 이런 가운데 한 박을 감소하거나 삽입하는 등의 변화를 준다. 홑 가락과 겹(접)가락, 비껴 칠 때와 막아 칠 때, 홑 장구와 양 장구 등의 조합 방식이나 순서의 등으로 칠 때마다 모두 다른 느낌을 준다.

우리나라 음악은 3분박 계통이 많으므로 점 4분음표를 한 박자로 보는 것이 일반적이다. 이를 이해하고 구음에 활용하면 좋다.

우리 전통 음악을 이해하기 위해서는 박자나 리듬 분석 보다 전체적인 흐름을 이해하는 것이 바람직하다고 본다.

제2절 장구의 호흡법

호흡이란 모든 생물이 살아가기 위한 본능적이고 필수적인 작용이다. 사람은 폐로 호흡하며 사는 생명체이다.

장구에서의 호흡이란 단순히 숨만을 쉬는 게 아니고, 가락의 리듬에 맞게 몸이 움직일 때 내려가는 호흡과 올라가는 호흡이 있다. 풍물에서는 오금이란 돋움으로 호흡을 만들어 간다.

호흡은 악기 연주나 노래, 판소리, 각종 춤, 탈춤놀이 등에서 필수적으로 존재한다.

인간의 호흡이 불규칙적이라면 생명에 위협이 되듯, 장단 등에서도 호흡이 끊긴다거나 맞지 않는 호흡을 한다면 좋은 연주에 지장이 올 것은 자명하다.

사물놀이에 있어 휘모리류의 기본이 되는 가락은 매우 빠르게 쳐서 분위기를 띄운다.

"궁 따 궁 기/ 궁 따 궁 기/ 궁 따 궁 기/ 궁 따 궁 기"가 한 배이며, 이런 한 배 단위로 반주호흡을 한다.

이분박의 경우, "하나둘/ 하나둘"로 호흡한다.

굿거리장단의 기본형인 "덩-기덕 쿵 더러러러/ 쿵-기덕 쿵 더러러러"를 한배로 본다.

장단 호흡이란 일정한 마디 단위로 시작과 맺음을 의미하며, 장구 반주에 있어, 생명과도 같이 중요하다. 이런 호흡이 맞지 않는다면 반주는 엉망진창이 되어 뭇사람들의 조롱과 비웃음거리가 되고 말 것이다.

장단 한 배의 단위의 구성을 이렇게도 분석하여 설명할 수 있다.

굿거리의 경우는 한 장단 안에 앞 두 박까지는 감아 가는 기운이다. 이를 전각前刻 혹은 대삼大三 이라고도 하며, 양陽적인 성질이다. 뒤의 두 박자는 풀어지는 기운이다. 이를 후각後刻 혹은 소삼小三이라고 하며, 음陰적인 성질을 갖는다.

삼채의 장단일 경우에는 암가락(음陰)과 숫가락(양陽)으로 꼭 쌍을 이루어 장단을 구성한다.

24박인 진양장단의 경우에는 6박 단위로 내고, 달아, 맺고, 푸는 구조를 갖는다. 이를 기起, 경景, 결結, 해解로 설명하기도 한다.

양장구에 있어서 궁편을 칠 때에는 내려간 호흡을 쓰며 강하게 치고, 넘겨 칠 때에는 들린 호흡으로 약하게 친다. 양장구란 궁채가 궁편과 채편을 오가며 치는 것을 말한다. 즉, 궁채 넘겨 치기이다. 호흡방법으로서 머리를 좌우로 돌려가며 칠 수 있다(좌우 호흡법). 이때 돌린 머리(얼굴방향)가 궁채를 치는 쪽의 반대방향이 되게 하면 된다. 사물놀이 등에서 흔히 쓰인다. 이 호흡법은 많은 연습이 필요하다.

제3절 기본 장단

여기에 나열된 장단은 초보자를 위한 아주 기본적인 것에 불과하다. 장단은 평생 배우고 연구해도 부족할 정도로 각 분야에 걸쳐 많다고 한다.

나의 경험으로는 장단은 복잡하게 치는 것보다 단순하게 치는 것이 좋다고 본다. 현란한 장단을 친다고 잔가락이나 기교를 너무 넣으면 소리나 노래를 부르는 사람 입장에서 오히려 부담스러울 수 있다고 본다. 결론적으로 장구연주는 장단에 멋을 부리는데 힘쓰는 것 보다 박을 잘 잡아주는 것이 매우 중요하다고 본다.

풍물장구나 고고장구 등에서는 궁채 넘기기를 하지만 소리반주 등 일반적인 장단에서는 궁채 넘기기를 하지 않는다. 물론 예외적인 경우도 있으리라고 본다. 이는 가락의 흐름이나 장단에 충실해야 하기 때문이다. 불필요한 동작은 무엇보다 소리를 하거나 악기를 연주하는 사람에게 혼란과 불안감을 줄 수 있다. 장구반주자는 혼자 치는 것이 아니다. 소리꾼이나 악기 연주자의 호흡에 따라야 할 것이다.

"일고수이명창一鼓手二名唱"란 말이 있다. 소리나 노래 반주에서 장구 치는 사람(고수)이 첫째이고, 소리(노래) 잘하는 사람은 둘째라는 말이다.

명창이 아무리 노래를 잘해도 고수가 받쳐주지 않으면 제 실력을 발휘하기 어렵다는 의미이다.

소리꾼(가수)이 판을 이끌어 가지만 고수는 장구를 치면서 장단만 맞추는 사람이 아니다. "얼씨구나, 얼씨구, 얼쑤, 허이, 허, 잘한다,

그렇지" 등 경우에 따라 '추임새'를 넣어야 한다.

　고수는 결론적으로 다음과 같은 역할을 한다.
　1) 소리꾼이 곡의 흐름을 잘 타도록 한다.
　2) 소리판의 흥을 돋우게 한다.
　3) 소리꾼이 더 빛나고 돋보이게 한다.
　4) 박자를 놓치거나 가사를 잊어버려도 덮어줄 수 있는 동반자 역할을 해야 한다.
　5) 소리의 빠르기에 맞춰줘야 한다.
　6) "아니리"에서 "그렇지, 아무렴" 등의 추임새를 넣어 2인 인물 역할을 한다.
　7) 속도조절(거두기, 늘이기) 등 리더로서의 역할을 해야 한다.

　이렇듯 장구 반주자의 역할은 중요하다 할 것이다.

1. 풍물장단

여기에 나온 장단은 기본적으로 많이 사용하는 것만을 제시하였다.

1. 풍물장단

가. 휘모리장단 모음

번호	1	2	3	4	5	6	7	8
1	①				●	|	●	
구음	덩		허이		궁	따	궁	
2	①		①		●	|	●	
구음	덩		덩		궁	따	궁	
3	①		•	•	●	|	●	
구음	덩		더	더	궁	따	궁	
4	|		○		●	|	●	
구음	따		궁		궁	따	궁	
5	|		○		|		●	
구음	따		궁		따		궁	
6	|		◎		|		◎	
구음	따		구궁		따		구궁	
7	①	①	①		①	①	①	
구음	덩	덩	덩		덩	덩	덩	
8	①	①	①	①	①	①	①	
구음	덩	덩	덩	덩	덩	덩	덩	
9	○	|	○		●	|	●	
구음	궁	따	궁		궁	따	궁	
10	○	|	●		●	|	●	
구음	궁	따	궁		궁	따	궁	

번호	1	2	3	4	5	6	7	8
11	○	|	●		○	|	●	
구음	궁	따	궁		궁	따	궁	
12	|		○		●	|	●	|
구음	따		궁		궁	따	궁	따
13	○		●		○		●	
구음	궁		궁		궁		궁	
14	◑		◑		◑	◑	|	|
구음	덩		덩		덩	덩	따	따
15	◑		◑		|	○	|	|
구음	덩		덩		따	궁	따	따
16	○	|	○	|	○	|	○	|
구음	궁	따	궁	따	궁	따	궁	따
17	○	|	○	|	○	|	○	
구음	궁	따	궁	따	궁	따	궁	
18	|	○	○	|	○	|	○	
구음	따	궁	궁	따	궁	따	궁	
19	|	●	●	|	●	|	●	
구음	따	궁	궁	따	궁	따	궁	
20	●	|	●	|	●	|	●	|
구음	궁	따	궁	따	궁	따	궁	따

나. 오방진 장단 모음

번호	1	2	3	4	5	6	7	8
1	①		①		①	①	|	|
구음	덩		덩		덩	덩	따	따
2	①①	①	①①	①	①	①	|	|
구음	덩덩	덩	덩덩	덩	덩	덩	따	따
3	①		|	|	●	|	●●	|
구음	덩		따	따	궁	따	구궁	따
4	①		|	|	●●	|	●●	|
구음	덩		따	따	구궁	따	구궁	따
5	①		・	・	●	|	●	
구음	덩		더	더	궁	따	궁	
6	|	●	○	|	○	|	○	
구음	따	궁	궁	따	궁	따	궁	
7	①	●	○	○	●	|	●	
구음	덩	궁	궁	궁	궁	따	궁	
8	|	○○	|	●●	|	○	|	|
구음	따	구궁	따	구궁	따	궁	따	따
9	①	①	|	|	①	①	|	|
구음	덩	덩	따	따	덩	덩	따	따
10	①		|		|		|	・
구음	덩		따		따		따	더

번호	1	2	3	4	5	6	7	8
11	①	•	│	•	│	•	│	•
구음	덩	더	따	더	따	더	따	더
12	①	• •	│	• •	│	• •	│	• •
구음	덩	더더	따	더더	따	더더	따	더더
13	①	• •	│	• •	│	│	│	• •
구음	덩	더더	따	더더	따	따	따	더더
14	①	• •	│	• •	①	• •	│	• •
구음	덩	더더	따	더더	**따**	더더	따	더더
15	①	• •	│	• •	①	①	│	│
구음	덩	더더	따	더더	덩	덩	따	따
16	│	○○			│	●●		
구음	따	구궁			**따**	구궁		
17	│	○○	│	●●	│	○○	│	●●
구음	따	구궁	**따**	구궁	따	구궁	**따**	구궁
18	①		●		○│	●	○│	●
구음	덩		궁		궁따	궁	궁따	궁
19	│	●	│	●	│	○	●	│
구음	따	궁	따	궁	따	궁	궁	따
20	①○		●		○		│	●│
구음	덩궁		궁		궁		따	궁따

다. 자진모리장단 모음

번호	1	2	3	4	5	6	7	8	9	10	11	12
1	◑			◑			◑		|	○	|	
구음	덩			덩			덩		따	궁	따	
2	◑			◑			◑		|	●	|	
구음	덩			덩			덩		따	궁	따	
3	◑			◑	○		◑		|	○	|	
구음	덩			덩	궁		덩		따	궁	따	
4	◑		◑		◑		◑		◑		◑	
구음	덩		덩		덩		덩		덩		덩	
5	◑	○		◑	○		◑		|	○	|	
구음	덩	궁		덩	궁		덩		따	궁	따	
6	◑						○		|	●	|	
구음	덩						궁		따	궁	따	
7	|	●		|	●		◐		|	●	|	
구음	따	궁		따	궁		덩		따	궁	따	
8	◑	○		◑			◑		|	○	|	
구음	덩	궁		덩			덩		따	궁	따	
9	◑		|	○	|		◑		|	○	|	
구음	덩		따	궁	따		덩		따	궁	따	
10	◑		|	○	|		●		◐	●	|	
구음	덩		따	궁	따		궁		덩	궁	따	

번호	1	2	3	4	5	6	7	8	9	10	11	12
11	◑		|	○	|		●		◐	●	|	|
구음	덩		따	궁	따		궁		덩	궁	따	따
12	◑		|	○	|		◐		◐	●	|	
구음	덩		따	궁	따		덩		덩	궁	따	
13	○	|	|	●	|	|	○		◑	○	|	|
구음	궁	따	따	궁	따	따	궁		덩	궁	따	따
14	○	|	|	●	|	|	○	·	◑	○	|	|
구음	궁	따	따	궁	따	따	궁	더	덩	궁	따	따
15	○	|	|	●	|	|	○	·	◑	○	|	
구음	궁	따	따	궁	따	따	궁	더	덩	궁	따	
16	○	|	|	●	|	|	○	|	|	●	|	|
구음	궁	따	따	궁	따	따	궁	따	따	궁	따	따
17	○	|	|	●	|	|	○	|	|	●	|	
구음	궁	따	따	궁	따	따	궁	따	따	궁	따	
18	|	○		|	●		|	○		|	●	
구음	따	궁		따	궁		따	궁		따	궁	
19	|	○		|	●	|	○		●		|	
구음	따	궁		따	궁	따	궁		궁		따	
20	◑	○		●			○		|	●	|	
구음	덩	궁		궁			궁		따	궁	따	

라. 굿거리장단 모음

번호	1	2	3	4	5	6	7	8	9	10	11	12
1	○	○	|	○	○	|	○	○	|	○	|	•
구음	궁	궁	따	궁	궁	따	궁	궁	따	궁	따	더
2	○	○	|	○	○	|	○	○	|	○	|	||
구음	궁	궁	따	궁	궁	따	궁	궁	따	궁	따	따따
3	⊕		⊕	⊕		⊕	⊕	•	|	○	••	•
구음	덩		덩	덩		덩	덩	더	따	궁	더더	더
4	⊕		⊕	⊕	•····		○	•	|	○	|	•
구음	덩		덩	덩	더러	러러	궁	더	따	궁	따	더
5	⊕	○	|	⊕	○	|	○	•	|	○	••	•
구음	덩	궁	따	덩	궁	따	덩	더	따	궁	더더	더
6	⊕	•	|	○	•	|	○	•	|	○	|	•
구음	덩	더	따	궁	더	따	궁	더	따	궁	따	더
7	○	|	|	|	○	|	|	○	|	○	⊕	•
구음	궁	따	따	따	궁	따	따	궁	따	궁	덩	더
8	⊕	⊕	•	○	○	|	|	○	|	○	⊕	•
구음	덩	덩	더	궁	궁	따	따	궁	따	궁	덩	더
9	⊕			⊕			⊕		|	○	|	•
구음	덩			덩			덩		따	궁	따	더
10	⊕	○	|	○	○	|	○	○	|	○	|	•
구음	덩	궁	따	궁	궁	따	궁	궁	따	궁	따	더

2. 소리장단(기악, 현악 등 포함)

가. 진양장단 모음

순	1	2	3	4	5	6	7	8	9	10	11	12	13	14	15	16	17	18
1	①												│			│		
구	덩												따			따		
2	○												①		│	│		│
구	궁												덩		따	따		따
3	○											○	⊖					
구	궁											궁	각					
4	○												○	○		○		○
구	궁												궁	궁		궁		궁
5	①												│			│		ï
구	덩												따			따		드르멱
6	○												①	ï		ï		ï
구	궁													드르멱		드르멱		드르멱
7	○											○	⊖			ï		ï
구	궁												각			드르멱		드르멱
8	○												◎	○		◎		ï
구	궁												구궁	궁		구궁		드르멱
9	○												①	○		ï		ï
구	궁												덩	궁		드르멱		드르멱
10	○												①	○	ï	◎		ï
구	궁												덩	궁	드르멱	구궁		드르멱

나. 중모리장단 모음

번호	1	2	3	4	5	6	7	8	9	10	11	12
1	◐	○	|	○	|	|	○	○	⊖	○		◎
구음	덩	궁	따	궁	따	따	궁	궁	각	궁	웃	구궁
2	◐	○	||	○|	ï	||		○	|		||	||
구음	덩	궁	따따	궁따	드르덕	따따	웃	궁	따	웃	따따	따따
3	○	○			ï	|		○	⊖			◎
구음	궁	궁			드르덕	따	웃	궁	각	웃	웃	구궁
4	◐				|	||		○	|		○|	○
구음	덩				따	따따	웃	궁	따	웃	궁따	궁
5	◐		|		ï	||		○	|		|	ï
구음	덩	웃	따	웃	드르덕	따따	웃	궁	따	웃	따	드르덕
6	◎		|		◎	|		○	⊖			ï
구음	구궁	웃	따	웃	구궁	따	웃	궁	각	웃	웃	드르덕
7	◐	◐	ï	|	◎	○		○	⊖			ï
구음	덩	덩	드르덕	따	구궁	궁	웃	궁	각	웃	웃	드르덕
8	◐	◎	ï	◎	ï	||		○	⊖			ï
구음	덩	구궁	드르덕	구궁	드르덕	따따	웃	궁	각	웃	웃	드르덕
9	◐	○	|	○	|	|	○	○	⊖	○	○	○
구음	덩	궁	따	궁	따	따	궁	궁	각	궁	궁	궁
10	◐	○	|	○	ï	|	○	○	⊖	○	○	○
구음	덩	궁	따	궁	드르덕	따	궁	궁	각	궁	궁	궁

다. 중중모리장단 모음

번호	1	2	3	4	5	6	7	8	9	10	11	12
1	①	○	|	|	|	|	○	○	⊖	○		○
구음	덩	궁	따	궁	따	따	궁	궁	각	궁	웃	궁
2	①		|	○		|		○	|		|	|
구음	덩	웃	따	궁	웃	따	웃	궁	따	웃	따	따
3	○		|	○	○	|		○	⊖			
구음	궁	웃	따	궁	궁	따	웃	궁	각			
4	①		|	○	○			○	|	○		○
구음	덩	웃	따	궁	궁	웃	웃	궁	따	궁	웃	궁
5	①	○	|	○	ï	|	◎	○	⊖			○
구음	덩	궁	따	궁	드르덕	따	구궁	궁	각	궁	웃	궁
6	①			⊗			⊖		⊖			
구음	덩			잡고			각		각			
7	①		|	○	|	ï		○	|		ï	|
구음	덩	웃	따	궁	따	드르덕	웃	궁	따		드르덕	따
8	◎		|	◎	|	|		○	⊖			
구음	구궁	웃	따	구궁	따	따	웃	궁	각			
9	①		|	○	ï	|		○	|		|	ï
구음	덩		따	궁	드르덕	따	웃	궁	따	웃	따	드르덕
10	①	◎	|	◎	○	|		○	⊖			
구음	덩	구궁	따	구궁	궁	따	웃	궁	각			

라. 자진모리장단 모음

번호	1	2	3	4	5	6	7	8	9	10	11	12
1	◑			◑			◑		|	○	|	
구음	덩			덩			덩		따	궁	따	
2	◑		|	○		|	○		|	○	|	
구음	덩		따	궁		따	궁		따	궁	따	
3	◑		|	○	|	|	○		|	○	|	
구음	덩		따	궁	따	따	궁		따	궁	따	
4	◑		◑		◑		◑		|	○	|	
구음	덩		덩		덩		덩		따	궁	따	
5	|	○		|	○		○		⊖			
구음	따	궁		따	궁		궁		각			

마. 휘모리장단 모음

번호	1	2	3	4	5	6	7	8
1	⏀		⏀		○	│	○	
구음	덩		덩		궁	따	궁	
2	⏀		│	│	○	│	○	
구음	덩		따	따	궁	따	궁	
3	│	○	○	│	○	│	○	
구음	따	궁	궁	따	궁	따	궁	
4	│		○		○	│	○	
구음	따		궁		궁	따	궁	
5	│		○		│		○	
구음	따		궁		따		궁	
6	⏀	⏀	⏀		⏀	⏀	⏀	
구음	덩	덩	덩		덩	덩	덩	
7	○	│	○		○	│	○	
구음	궁	따	궁		궁	따	궁	

바. 엇모리장단 모음

번호	1	2	3	4	5	6	7	8	9	10
1	⏀		○	│		○		⊖	○	
구음	덩		궁	따		궁		각	궁	
2	⏀		│	○	│	○	│ │	│	○	│
구음	덩		따	궁	따	궁	따따	따	궁	따
3	│	○	│ │	○	│	○		⊖		
구음	따	궁	따따	궁	따	궁		각		
4	⏀		○	│		⏀		⏀	○	
구음	덩		궁	따		덩		덩	궁	

3. 민요장단

가. 세마치장단 모음

번호	1	2	3	4	5	6	7	8	9
1	①			①		|	○	|	
구음	덩			덩		따	궁	따	
2	①	①		①		|	○	|	
구음	덩	덩		덩		따	궁	따	
3	|	○	|	○		|	○	|	
구음	따	궁	따	궁		따	궁	따	
4	|	○		○			⊖		
구음	따	궁		궁			각		
5	○	|		|		|	|	|	
구음	궁	따		따		따	따	따	
6	○	|		|		|	○	|	
구음	궁	따		따		따	궁	따	
7	|			|			|		
구음	따			따			따		
8	|			|			⊖		
구음	따			따			각		
9	○			○			⊖		
구음	궁			궁			각		

나. 굿거리장단 모음

번호	1	2	3	4	5	6	7	8	9	10	11	12
1	◑		◑		◑		◑		|	○	|	
구음	덩		덩		덩		덩		따	궁	따	
2	◑		◑		◑		◎		|	○	|	
구음	덩		덩		덩		구궁		따	궁	따	
3	◑			○			|	○	|	○	|	
구음	덩			궁			따	궁	따	궁	따	
4	◑		|	○	|		◎		|	○	|	
구음	덩		따	궁	따		구궁		따	궁	따	
5	◑		|	○	|		|	○	|	○	|	
구음	덩		따	궁	따		따	궁	따	궁	따	
6	◑		|	◑	...	...	○		|	○	...	...
구음	덩		따	덩	다르	르르	궁		따	궁	다르	르르
7	◑		|	◑	|	|	○		|	○	|	
구음	덩		따	덩	따	따	궁		따	궁	따	
8	◑	|	|	○	|		○		|	○	|	
구음	덩	따	따	궁	따		궁		따	궁	따	
9	◑			|			|	○	|	○	⊖	
구음	덩			따			따	궁	따	궁	각	
10	◑			|		|	◑	|	|	|	○	
구음	덩			따		따	덩	따	따	따	궁	

4. 가요장단

　가요장단 부분에서 고고장구는 춤사위가 들어가기 때문에 몸 움직임과 궁채 넘기기 등 여러 가지 변화 타법이 허용될 수 있다. 특히나 고고반주는 노래가 매우 빠르기 때문에 많은 연습이 필요하다.

　가요반주에 있어서 노래 부르는 사람의 음성을 최대한 보호해 주어야 하므로 장구소리가 너무 크게 나지 않도록 연주하여야 하며, 가사가 없는 공간은 장구소리가 크고 신나게 연주되어야 한다.

　장단부분에서 어느 정도 리듬을 타고, 숙달이 되면 '따' 부분을 '기덕' 처리하거나 '궁'을 '구궁'으로 바꾸는 등 여러 가지 기법을 구사할 수 있다.

　가요장구반주는 정해진 장단이 없다. 자신만이 즐겨 쓸 수 있는 가락을 창안하거나 노래의 흐름에 따라 변화를 주어야 남들로부터 호응을 얻을 수 있다.

　장구반주는 노래방 반주기 대신 박자를 맞춰야 하므로 박자에 유념하여야 한다. 즉, 노래 부르는 사람의 속도나 리듬을 잘 타야 한다. 따라서 노래 부르는 사람의 조건에 맞도록 박자나 리듬이 구사되어야 한다.

　장구반주만 잘해도 어디에서나 칭송받는 사람이 될 것으로 믿는다.

　많은 연습과 실전으로 뛰어난 장구반주자가 되어 보자.

가. 일반 가요장단 모음

번호	1	2	3	4	5	6	7	8
1	○					○				
구음	궁		따		궁		따	
2	○						○				
구음	궁		따	따	궁		따	
3	○								○				
구음	궁	따	따	따	궁		따	
4	○	○	○			○			○		
구음	궁	궁	궁	따	궁	따	궁	따
5	○	○	○						○	
구음	궁	궁	궁	따	웃	따	궁	
6			◎	○						○	
구음	따	구궁	궁	따	웃	따	궁	
7	○									○		
구음	궁		따	따	웃	따	궁	따
8	○			○						○		
구음	궁	따	궁	따	웃	따	궁	따
9	○	·	·	·				○		
구음	궁	더	더	더	웃	따	궁	따
10	○		·	·				○	
구음	궁		더	더	웃	따	궁	

번호	1	2	3	4	5	6	7	8
1	○	||	○	||	○	||	○	|
구음	궁	따따	궁	따따	궁	따따	궁	따
2	○	||	○	|		|	○	|
구음	궁	따따	궁	따	웃	따	궁	따
3	○	||	○	|		||	○	|
구음	궁	따따	궁	따	웃	따따	궁	따
4	○	||	○	|		|	○	
구음	궁	따따	궁	따	웃	따	궁	
5	○	||		|		|	○	
구음	궁	따따	웃	따	웃	따	궁	
6	○		○	|	|		○	
구음	궁	웃	궁	따	따	웃	궁	
7	○		|	○	○		|	
구음	궁	웃	따	궁	궁	웃	따	
8	○	||	○	|	◐	||	○	|
구음	궁	따따	궁	따	합	따따	궁	따
9	○	|	○	||		||	○	|
구음	궁	따	궁	따따	웃	따따	궁	따
10	○	||	◐	||		|	⊖	
구음	궁	따따	합	따따	웃	따	각	

제4장

장구관리

제4장 장구관리

비싼 장구를 사서 관리를 소홀히 해서 망가지면 경비도 들어가지만 무엇보다 정들었던 장구를 잃게 된다. 내 경험에 의하면 여름철에 장구를 차 트렁크에 보관하였다가 사용하려고 내리면서 살짝 부딪쳤는데 그만 장구통이 깨지고 말았다. 어처구니가 없었다. 새로 산 지 얼마 안 된 장구에다 장구 소리가 무척 좋았던 관계로 실망도 컸고 마음도 아팠다. 장구를 잘 치려면 무엇보다 내 장구를 사랑해야 한다.

제1절 장구보관법

1) 장구는 직사광선이 닿는 곳에 두지 않아야 한다. 장소가 어쩔 수 없는 경우에는 햇빛차단 장치가 마련되어야 할 것이다. 장구통과 가죽에 무리가 갈 수 있다. 바짝 마른 장구통이나 가죽은 충격을 가할 경우, 통이 깨지거나 가죽이 찢어질 염려가 있다. 또한 장구에 여러 가지 손상이 올 수 있다.

2) 장구는 습기나 물기에 약하기 때문에 보관 장소에 주의해야 한다. 물기를 접할 수 있는 곳이나 습기가 많은 곳은 피해야 한다. 장

구에 물기가 묻으면 곰팡이가 생겨 장구 가죽이 손상되어 버릴 수 있다. 장구는 세워 놓기 보다는 옆으로(가로로) 놓아야 하며, 선반이나 장구받침대 등에 올려놓고 보관하여야 한다. 당연히 보관 장소는 통풍이 잘되고 습기가 적은 곳이 좋다.

3) 장구를 연주하고 나서는 조이개를 북편 쪽으로 풀어서 보관하여야 한다. 가죽의 긴장을 풀어주기 위해서이다. 장구는 장구가방에 넣어서 보관하여야 먼지도 방지할 수 있고, 다른 사물과 부딪침 등에서 장구를 보호할 수 있다. 단, 습기가 많은 여름철에는 장구를 가방에서 꺼내 보관할 수 있다. 장구를 사용하지 않을 경우, 방치하면 안 되고 수시로 점검해 보아야 한다.

4) 여름철 등 날씨가 뜨거울 때 차량에 보관한다거나, 겨울철에 난로나 열기구 등의 바로 옆에 보관하는 것은 주의를 요한다. 장구통이나 가죽에 무리가 갈 수 있다.

제2절 장구관리 요령

1. 울림통

울림통은 대개 나무로 만들어졌기 때문에 충격을 받으면 깨지기 쉽다. 사용하거나 관리하면서 주의가 요구된다. 장구에 대한 조립 기술이 있고 자신이 있다면 6개월에 한 번씩 장구를 분해해서 가죽과 만나는 통 둘레를 손보면 좋다. 울림통에 채가 맞으면 움푹 깎여 흠이 생길 수 있다. 이런 자리는 장구를 해체 한 후 사포나 대포로 다듬어 주면 좋다.

2. 가죽

장구를 치고 난 뒤에는 꼭 가죽상태를 확인하고 보관하는 습관을 들여야 한다. 가죽에 조금이라도 흠이 생겼다면 바로 필요한 조치를 하여야 한다. 장구를 사용하려 할 때, 장구 가죽이 너무 말라 있을 때에는 물을 발라주고 잘 닦아 준다. 가죽이 젖은 상태에서 사용하면 소리가 둔탁하여 소리가 좋지 않을 뿐만 아니라 가죽에 탄력이 없고 약해지면서 찢어질 염려가 있다. 물기가 있으면 잘 닦아주고 적절히 말려야 한다.

장구 조이개가 풀어진 상태에서 장구를 무리하게 치면 장구 가죽이 찢어질 수 있다. 반대로 새로 산 장구의 조이개를 너무 조여서 무리하게 치면 장구 가죽이 찢어질 수 있다.

물이나 습기에 젖은 장구를 무리하게 치면 장구 가죽이 찢어질 수 있다.

3. 채

나무로 만들어진 악기채도 물에 젖거나 습기를 먹었을 때에는 곰팡이가 생길 수 있다. 곰팡이가 생기면 물걸레로 곰팡이를 충분히 닦아주고, 통풍이 잘되는 그늘진 곳에서 말려 사용한다.

제3절 장구 수리 요령

1. 준비물

오공본드(나무 접착제 등), 고무줄처럼 늘어나는 줄, 면실, 바늘, 양초, 넓은 투명테이프, 가위, 기타 상황에 따라 필요한 물품.

2. 장구통에 금이 간 경우

금이 간 부분에 접착제(나무용 오공본드)를 충분히 바른다. 10여 분 뒤에 깨진 부분을 잘 맞춘 후 고무줄로 통을 동여매어 3일 정도 둔다. 고무줄을 풀어 접착 상태를 확인한다.

3. 가죽이 찢어진 경우

변죽 부분의 경우 바늘로 찢어진 부위를 꿰매고 투명 테이프 등으로 붙여서 쓰는 방법이 있다. 꿰맨 부분에 양초를 녹여 메우기도 한다. 그러나 가죽 한 복판이 찢어진 경우에는 교체하는 게 답이라고 본다.

4. 가죽이 늘어진 경우

가죽이 너무 늘어지면 소리가 제대로 나지 않는다. 이때는 가죽을 장구에서 해체하여 10분 이상 물에 담가놓았다가 약 3일 정도 그늘에서 말리면 가죽이 다시 수축되면서 편편하게 펴진다.

5. 끈이 느슨해진 경우

장구에 매여진 끈을 풀어 다시 천천히 조이면서 동여 매준다.

6. 일부 부품이 망가진 경우

장구의 일부 부품이 망가진 경우에는 해당 부품만을 구입하여 교체하면 된다. 수리에 자신이 없을 경우, 수리를 잘하는 주변사람에게 부탁하거나, 장구 수선 전문 업소에 의뢰하면 된다. 대개의 경우 수리를 취미처럼 잘하는 사람이 주변에 꼭 있다.

제4절 가죽 질 내기

장구를 사와서 무턱대고 두들기다 보면 가죽이 어이없이 찢어지는 경우가 발생할 수 있다.

새로 사 온 장구의 가죽은 약품 처리되고 햇빛 등에 노출되어 바짝 굳어 있을 수 있다. 그래서 다음과 같이 장구 가죽을 풀어주어야 한다.

1) 스프레이로 물을 뿌려주고 나서 마른 수건으로 닦아 주거나 물수건 등으로 잘 닦아 준다.

2) 장구를 통풍이 잘되는 그늘에서 충분히 말려 준다.

3) 새로 사 온 장구를 손질하고 나서는 조이개를 사용하지 말고 그냥 조심스럽게 친다.

4) 며칠간은 장구를 살살 치면서 상태를 살펴야 한다.

5) 적절하게 장구의 타격 강도를 높이면서 장구 가죽에 내성을 길러주어야 한다.

6) 장구 가죽을 잘 다스려서 좋은 소리와 함께 오랫동안 사용할 수 있도록 관리에 최선을 다해야 할 것으로 본다.

제5장

나가면서

제5장 나가면서

장구가 국악악기로서만 그 자리를 차지하다가 요즘 들어 가요와 어우러지면서 고고장구, 아랑장구, 디스코장구, 가요장구, 춤장구 등이 생겨나면서 창의적인 예술로서 새로운 자리를 만들어 가고 있다. 장구가 뭇사람들의 관심과 사랑을 받게 된 것이다.

장구가 다루기 어려운 악기는 아니라는 점에서 사람들의 호기심이 더 높아지고 있으며, 예로부터 내려오는 전통악기로서 우리 국민 정서에 더 잘 맞아가는 지도 모른다.

예전에는 장구가격이 비싸서 쉽게 구입하지도 못했으나 요즈음은 대량생산으로 인하여 부담 없는 가격으로 취미생활을 할 수 있다고 본다.

이런 장구를 접하기 전에 경험에서 우러나오는 기초 이론을 바탕으로 저술한 이 책을 가볍게 공부해 보았으면 한다.

장구도 각 분야에 따라 무한정 깊은 전문성이 있다는 것을 알아야 하리라고 본다. 장단만 해도 한 부문에 대해 수백 가지, 수천 가지, 수만 가지로 만들 수 있다고 볼 때 평생 공부해도 어렵다 할 것이다.

장구에 대해 미진한 부분을 다시 한번 살펴보고 정리하면서 마무리를 하고자 한다.

제1절 장구연주에 임하는 마음자세

장구를 연주하는 마음자세에 대하여 다음과 같이 정리해 보았다.

첫째 장구는 반주를 위한 타악기이다. 따라서 우선은 가락이 음악이나 노래 소리의 박에 맞아떨어져야 감명 깊게 들어줄 수 있다.

두 번째 장구는 소리 예술이다. 울림의 소리가 모두의 가슴에 와닿아야 한다. 잘 다듬어진 소리가 아니면 밋밋한 소리가 되거나 그렇지 않으면 듣는 사람으로 하여금 거부감을 느끼는 소음으로 전락할 수 있다.

세 번째 장구 연주하는 모습에 흥이 실려 있어야 한다. 무표정은 보는 관중들에 즐거움을 선사하지 못할 것이다.

네 번째 설장구 등은 행위예술이다. 몸의 움직임에서 기발한 창의성이나 잘 다듬어진 기교가 없으면 관객들의 호응을 받지 못할 것이다.

다섯 번째 장구는 자신을 다스리는 소리이다. 장구 연주가 자신의 마음에 와닿을 때 다음과 같은 여러 가지 효과를 누릴 수 있을 것이다.

1) 만족감

자신의 장구 연주소리가 좋으면 만족감을 느낄 수 있다. 어떤 이는 자신의 장구소리가 싫어서 장구 치는 것을 포기한 경우도 있다. 반면에 장구소리가 좋아 평생 장구와 함께한 사람들도 있다.

2) 안정감

마음이 불안하거나 어수선할 때 다스름 가락을 통해 마음의 안정감을 얻을 수 있다. 이 정도 수준에 도달하려만 많은 연습이 필요하다.

3) 흥분감

장구 연주를 통해 본인뿐만 아니라 관객이나 주변 사람에게 흥분감을 불러일으킬 수 있다.

4) 해소감

장구 연주도 음악이다. 따라서 이 음악 효과로 긴장 해소감을 가져올 수 있다. 좋은 공연을 보면서 자신의 응어리진 마음이 풀어지는 효과를 경험해 본적이 있을 것이다.

5) 소속감

풍물놀이나 사물놀이 등에서 자기 역할을 잘해 냄으로써 소속감을 느낄 수 있다.

6) 어울림의 연대감

풍물놀이나 사물놀이에서 자신의 악기 연주소리와 다른 사람들의 악기연주소리가 어울려지면서 어울림의 맛과 연대감을 느낄 수 있다.

7) 자신감
장구 연주가 좋아지면 자신감이 생겨 남 앞에서 자랑하고 싶은 마음이 생겨난다.

8) 흥미감
자신의 장구소리에 만족하게 되면 흥미를 유발하게 되어 장구와 좋은 관계로 더욱 발전할 수 있다. 장구소리가 좋아 평생 장구와 함께 살아가는 사람들도 있다. 직업인이 되어 버리는 경우이다.

제2절 장구에 얽힌 여담

풍물놀이나 사물놀이를 하면서 장구가 먼저야! 꽹과리가 먼저야! 하는 등으로 다툰 경우가 있었다는 일화가 있다.

농악을 하다 보면 흔히 볼 수 있는 일로 꽹과리 가락이 안 맞다고 하거나 장구가락이 안 맞다는 등의 다툼이다.

나의 생각으로는 장단의 구성은 장구가락으로 판을 짜야 한다고 본다. 장구가락은 농악 등에 있어 기초가락이라 할 수 있다.

여기서 꽹과리는 연주에 있어 사물악기(꽹과리, 징, 장구, 북) 중 소리(800㎐ 이상)가 제일 크다. 따라서 당연히 리더 역할을 해야 한다. 상쇠는 판을 이끌어 갈 수 있는 능력이 있어야 한다. 꽹과리는 천둥이나 하늘에 상징되며 신명을 유도한다.

장구소리는 이들 악기 중 소리가 작은 편이다. 따라서 소리가 묻혀 버리는 듯한 느낌이 들 때가 있다. 그러나 장구가락이 기본 가락이기 때문에 중요한 역할을 한다. 여성의 목소리나 비에 비유되기도 한다. 가락과 가락 사이를 채우는 역할을 한다.

북은 큰 박자를 잡아주는 역할을 한다. 흔히 북은 장구가 서툰 사람이나 경력이 적은 사람에게 많이 맡기지만, 북이 전체 가락을 잘 잡아 주어야 전체 리듬이 흐트러지지 않는다. 농악소리를 멀리서 들을 때 북소리가 장구보다 더 크게 들린다. 북은 장단의 속도나 박의 리듬에 중요한 역할을 한다고 볼 수 있다. 북은 구름이나 땅을 상징하며, 리듬의 큰 가락을 잡는 역할을 한다.

징은 쾡과리, 장구, 북의 소리를 버무려 주는 역할을 한다. 놀이 현장에서는 징소리가 두드러지지 않으나 멀리서 들으면 징소리가 은은하게 뚜렷이 울려 퍼짐을 알 수 있다. 징은 남자의 목소리나 바람의 상징이며, 박을 짚어주고 포장한다.

풍물놀이나 사물놀이에서 "어떤 악기가 먼저냐"라고 다투는 어리석은 주장보다 모두가 한마음으로 연주를 해야 좋은 소리예술을 만들 수 있다고 본다. "내 박이 맞다"라고 고집하기 보다는 서로의 상황이나 상태를 주시하면서 연주 분위기를 모아야 한다. 눈 교환이나 약속된 율동(호흡)이 중요하다. 자신들의 역할을 충실히 해 낼 때, 보다 격조 높은 놀이 작품이 완성되리라고 본다.

제3절 원칙 전수에 대한 의견

바둑에서 "정석을 알고 난 다음엔 잊어버려라"라는 말이 있다. 이것은 정석의 원리를 잊어버리라는 뜻이 아니고, 정석을 알되 보다 융통성 있게 적용하라는 의미이다.

이와 관련한 중국의 일화를 소개해 본다.

B.C. 227년 강성해지는 진나라의 위세를 꺾고자 연나라 태자는 진나라 왕을 암살하고자 자객을 보냈다. 자객은 진시황의 환심을 사기 위해 진나라에서 연나라로 망명한 장군의 머리와 연나라의 지도를 선물로 가져갔다.

진시황은 내막을 모르고 이런 자객을 반갑게 맞이했다. 선물로 가져간 지도에는 비수가 숨겨져 있었다. 진시황이 좋아서 지도를 펼치려는 순간 자객은 지도 속에 숨겨져 있던 비수로 곧장 진시황을 공격하였다. 다행히도 진시황은 이리저리 도망 다니다가 소지한 장검으로 간신히 자객을 제압할 수 있었다.

이 당시 진나라의 국법에는 누구라도 왕이 있는 단상 위에 올라갈 수 없도록 되어 있었기 때문에 신하들과 호위무사들은 뻔히 보고도 진시황을 도와주지 않았다.

목숨을 건진 진시황은 너무도 분하여 당시 곁에 있던 호위무사들을 모조리 죽여버렸다. 국법이 그렇더라도 암살자에게 쫓기는 왕을 도와주지 않았던 것에 대한 처벌이었다.

법(원칙)만을 지키려다가 엉터리 같은 실수를 한 사례이다.

바둑에서 전해오는 말처럼 장구를 배우는 데에 있어서도 마찬가지라고 본다. 장구를 배우면서 여러 스승을 만나다 보면 타법, 기교, 자세 등에 있어서 제각기 다름을 알 수 있다.

배울 때에는 스승의 가르침을 그대로 따라야겠지만, 어느 정도 수준에 도달한다면 가르침의 원칙을 잊어버려야 할 것이다.

그렇다고 가르침을 완전히 잊으라는 것이 아니라 나만의 독창성을 길러 더 훌륭한 기교나 예술성을 개척하라는 뜻이다.

제4절 장구실력을 한 단계 올리는 방법

실력자로서 남보다 우뚝 서기 위해서는 피나는 노력 밖에 없다고 본다. 그러한 의미에서 다음 몇 가지를 정리해 본다.

1. 구분 장단이나 동작으로 정확히 이해하기

이해가 되지 않으면 훌륭한 장단이나 동작이 나올 수 없다. 이해되지 않는 부분은 몇 번이고 반복해서 질문하고 연습해야 한다.

2. 이해된 장단을 꾸준히 연습하기

장단은 머리에서 기억되어 나오기보다는 몸에서 자동으로 표출되어야 할 정도로 연습되어져야 한다.

3. 기본 장단을 꾸준히 연습하기

기본적으로 꾸준히 연습해야 할 장단이 반드시 있다. 이를 소홀이 하면 실력자가 되질 못할 것이다.

4. 잘하는 사람이나 실력자, 경력자에게서 배울 점을 찾기

건방진 자는 배울 것이 없을 것이고, 그에 따라 실력도 늘지 않는다. 항상 배울 것을 찾는 자세가 중요하다.

5. 틈틈이 현장 공연을 볼 것(유튜브 시청 등)

공연장에 나올 정도면 실력이 다듬어진 사람이라 볼 수 있다. 배울 점이 있으리라 본다.

6. 목표 설정 해보기

목표가 생겨야 더욱 열심히 연습할 수 있다. 나름 자신의 학습목표를 설정해 보자

1) 경연대회 도전해 보기
2) 공연에 참가해 보기 등

7. 실전 경험이 무엇보다 중요

배움만으로는 자기 실력을 가늠해 볼 수 없다. 실전 경험을 통해 부족한 부분을 찾는 것도 중요하다.

1) 경연대회에 참여 결과 반성해 보기
2) 공연 참가 결과 반성해 보기
3) 동호인들과 실전처럼 연습해 보면서 부족한 부분 느껴보기

8. 실력 있는 다른 스승 찾기

우물 안 개구리가 되어서는 당연히 발전이 없으리라 본다. 실력을 높여보는 기회를 갖는 것도 중요하다고 본다.

능력 있는 스승을 찾아 자신의 실력을 모니터링해 보고 실력을 더 향상시키도록 해보자.

제5절 마무리

장구를 배우는 자세에 있어 나는 자전거 배우기에 비유하고 싶다. 나는 중학교 1학년 때 장거리 통학을 해결하기 위한 방편으로 자전거를 배웠다. 자전거 배울 때의 느낌이 다른 것을 배움에 있어서도 항상 같다는 생각이 든다.

자전거를 처음 배울 때는 몸 중심 잡기가 첫 번째로 중요하다. 중

심을 못 잡으면 바로 쓰러져 버리기 때문이다.

두 번째로는 핸들 잡기이다. 물론 중심 잡기와 핸들은 연관성이 있다.

세 번째로 몸 중심과 핸들이 안정되면 비로소 페달 밟기에 들어간다.

네 번째로 페달까지 연습이 되면 백미러도 보이고 주변도 살펴볼 수 있다. 즉 자전거를 운전할 수 있는 것이다.

더 나아가 자전거를 더욱 연구하여 연습한다면 묘기선수가 될 수도 있을 것이다.

이처럼 장구도 마찬가지로 처음에는 타법 습득이 우선이다. 맨 처음 채를 잡는 것부터 때리는 동작까지 어설프기만 하다. 올바르게 칠 수 있는 타법이 우선 습득되어야 할 것이다.

다음으로 장단을 들 수 있다. 장단은 서서히 완전하게 익혀야 한다. 욕심을 내서 이것저것 하다 보면 습득에 어려움이 따를 수 있다.

장단이 되면 장단에 따른 자세와 호흡이 따른다.

마지막으로 표정과 맵시, 복장, 관련 액세서리 등의 부속 장비 등 여러 가지 조건이 따를 수 있다.

여기서 더 나아가 남보다 더 많은 연구와 연습을 한다면 공연자로서 무대에 설 수도 있고, 많은 경력을 쌓아 전문성과 가치를 인정받는다면 무형문화재로도 등록되는 영광을 누릴 수도 있을 것이다.

장구는 무엇보다 몸으로 익혀야 한다고 본다. 그러기 위해서는 수없는 반복연습과 연구, 꾸준한 노력이 필요하다.

이런 경륜이 쌓이면 장구소리도 좋아지고 몸동작도 자연스럽고 고급스러워 보일 것이다.

장구를 배우는데 있어 급하게 서두르기 보다는 매일 일정시간 꾸준히 연습할 때 학습효과가 크리라고 본다,

아무쪼록 마음가짐을 굳게 갖고 장구 학습에 임하기를 바라며 건투를 빈다.

■ 참고문헌 및 자료

김동언, 『농부예술인』, 도서출판 사람들, 2017년

김동원, 김덕수(교원연수교재), 『사물놀이』, 한울림, 2000년

박철, 조미연, 『김병섭의 생애와 예술세계』, 한글미디어, 2019년

(사) 굿마당 남도문화연구회(교재용), 『호남우도농악』

장구

잘빠진 잘록 허리에 힘을 주어
천지를 웃고 울리는 소리 내뿜으니

흥겨운 가락에 마음이 들뜨고
춤이 절로 나오는 구나

춤에 실어 목청을 돋우니
천지간에 이만한 즐거움 또 어디 있으랴

그대를 연인 삼아 사랑의 매를 때리니
원망 대신 더없는 흥을 주는 구나

덩기덕 구궁 궁기덕 궁따
너의 노랫가락으로
함께 놀아보자 즐겨보자

만물의 영혼에 흥을 넣어
덩실덩실 춤추어 보자

덩기덕 구궁 궁기덕 궁따
흥에 젖어 그대에 젖어 한마음 되어

장구의 기초이론

초판 1쇄 발행일   2025년 5월 26일

지은이   김영성
펴낸이   고미숙
편 집   채은유
펴낸곳   쏠트라인saltline

신고번호   제 2024-0000075호
등록번호   206-96-74796
제 작 처   04549 서울시 중구 을지로 18길 24-4
            31565 충남 아산시 방축로 8
이 메 일   saltline@hanmail.net

ISBN   979-11-92139-78-4 (13670)
값   15,000원